PROJECTE OLÍMPIA-4

EDUCACIÓ FÍSICA

TERCER I QUART CURS D'ESO

AUTORS:
Jesús Ariño Laviña
Rossend Benabarre Casals

IL·LUSTRADOR:
Leo Aguilar Martínez

Ediciones del Serbal

Sello
Escuela 2.0

Fotografies: Getty Images, Stock Photos, Federació Catalana d'Handbol, Federació Catalana de Voleibol, Arxiu Corel, Patronato Municipal de Deportes de Huesca, Fotosport (C.N. Reus Ploms) i autors.
Gràfics: Roser Duran
Disseny Gràfic: Marina Vilageliu

Reimpressió: 2017

Francesc Tàrrega, 12 – 08027 Barcelona
Tel.: 934 080 834 – Fax: 934 080 792
serbal@edicionesdelserbal.com
www.edicionesdelserbal.com

Imprès a Espanya
D.L.: B-22.491-2012
Impressió: Ulzama
ISBN: 978-84-7628-532-9

ÍNDEX

INTRODUCCIÓ

Aquest llibre que ara comences és el segon del Projecte Olímpia d'*Educació Física per a l'ESO* que hem pensat per a tu i que correspon als cursos de tercer i quart.

El seu contingut et resultarà assequible, perquè tu ja no ets un principiant i ja saps que l'Educació Física és una matèria àmplia, que es relaciona amb moltes altres i que abasta una gran quantitat de conceptes, molts dels quals ja coneixes.

D'una banda, podràs ampliar coneixements sobre temes que ja vas treballar en cursos anteriors, amb els quals ja et trobes familiaritzat, i que seran la base per aconseguir aprenentatges més amplis en aquests dos cursos propers.

D'altra banda, trobaràs temes nous, necessaris perquè relacionen l'exercici físic amb la salut i l'ocupació del lleure (nous esports, prevenció i tractament de lesions, noves tendències de l'exercici físic...).

No oblidis la importància de llegir amb atenció els apartats "Recorda que..." que aniràs trobant al llarg del text. Tenen una relació directa amb cadascun dels temes i et serviran per complementar la teva formació.

Esperem que aquest llibre t'agradi. Amb ell completaràs aquesta col·lecció que intenta acostar-te al coneixement de l'Educació Física. Conserva'ls ben a prop perquè, si en qualsevol moment tens algun dubte sobre aquesta matèria, podràs acudir-hi per cercar informació i resoldre'l.

ENDAVANT I SORT!

Te'n recordes? El cos humà és fort, sensible, capaç de veure, de sentir, de tocar, de córrer, de pensar, d'expressar...

Sabem que és constituït per un conjunt d'aparells i sistemes diversos, que li permeten estar en contacte amb el món exterior, percebre els seus estímuls, relacionar-se amb les altres persones, amb l'entorn...

Però perquè això sigui així, cal mantenir-lo en condicions òptimes. I aquesta és una tasca en què tu hi tens un gran protagonisme.

En els capítols següents, coneixeràs més profundament el funcionament del cos humà, els factors que influeixen per mantenir un estat físic perfecte i l'estudi de les qualitats físiques bàsiques. Segur que llegir-los et serà de gran utilitat per ajudar-te a adoptar un model de vida saludable.

UNITAT 1

CONDICIÓ FÍSICA I SALUT

1 EL COS HUMÀ I L'EXERCICI FÍSIC

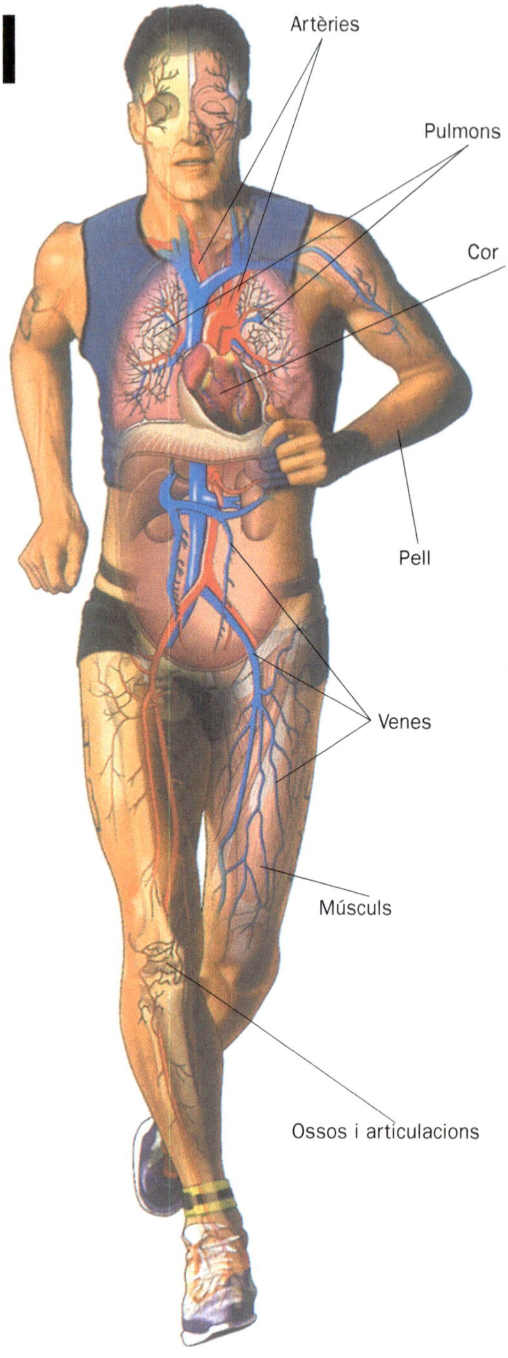

EL COS HUMÀ I L'EXERCICI FÍSIC

- **AIXÓ ÉS EL BÀSIC**
  - Com funciona el cos humà?
  - Què és l'exercici físic?
- **QUI PRODUEIX EL MOVIMENT?**
  - L'aparell locomotor
    - L'esquelet
    - Els músculs
- **COM CAPTEM ELS NUTRIENTS I L'OXIGEN?**
  - L'aparell digestiu
  - L'aparell respiratori
- **QUI ELS TRANSPORTA PER L'ORGANISME?**
  - L'aparell cardiovascular
- **QUI ORDENA EL MOVIMENT?**
  - El sistema nerviós

Això és el bàsic...

COM FUNCIONA EL COS HUMÀ?

El cos humà funciona gràcies a l'actuació d'una sèrie d'*aparells* i *sistemes*. Alhora, aquests són compostos d'òrgans diversos que treballen de manera coordinada per portar a terme totes les seves funcions. D'entre elles, el **moviment** és la que li permet relacionar-se amb les altres persones i actuar en l'entorn que l'envolta.

QUÈ ÉS L'EXERCICI FÍSIC?

És qualsevol **activitat física** en què *l'organisme humà fa moviments de major intensitat i esforç que els considerats normals*. Podem trobar infinitat d'exemples d'exercici físic: la natació, el judo, l'aeròbic, la bicicleta tot terreny, el patinatge, l'atletisme, el ball, etc. Tots ells ens permeten divertir-nos, ocupar el nostre lleure i, en fer funcionar tot l'organisme, *influeixen de manera beneficiosa en la nostra salut*.

EL COS HUMÀ I L'EXERCICI FÍSIC

Estudiar diàriament i aprendre a administrar el temps de lleure: aquesta pot ser la imatge habitual en la vida de qualsevol noi i noia de la teva edat. Estudiar, si bé ha de ser la teva ocupació principal, suposa moltes hores de vida sedentària, en què el moviment és molt restringit.

Per això és fonamental que posis en moviment tot el teu organisme per intentar compensar aquestes hores de feina. El cos humà necessita l'*exercici físic*. El cor, de bategar durant molta estona a 60 o 80 pulsacions per minut, passarà fins a les 150, 170, 180 i fins i tot més. Qualsevol *exercici físic* suposarà activar, amb tot el seu potencial, el teu organisme.

Aquest tema t'ajudarà a conèixer com, gràcies a l'acció dels nostres músculs, es produeix *el moviment*. I per què, a tal fi, cal l'aportació d'oxigen i d'aliments. A més, podràs entendre com tot plegat és coordinat i regulat per altres aparells i sistemes del nostre cos. Si practicar exercici és fonamental, conèixer el seu funcionament t'ajudarà a formar-te com a bon esportista i també com a persona.

QUI PRODUEIX EL MOVIMENT?

L'APARELL LOCOMOTOR

FUNCIÓ

Actua com a suport o estructura del cos humà i produeix el seu moviment. Aquest és possible gràcies a l'acció dels nostres músculs, els quals, en *contraure's* (escurçar-se) i *relaxar-se* (allargar-se), mobilitzen els ossos a què es troben units.

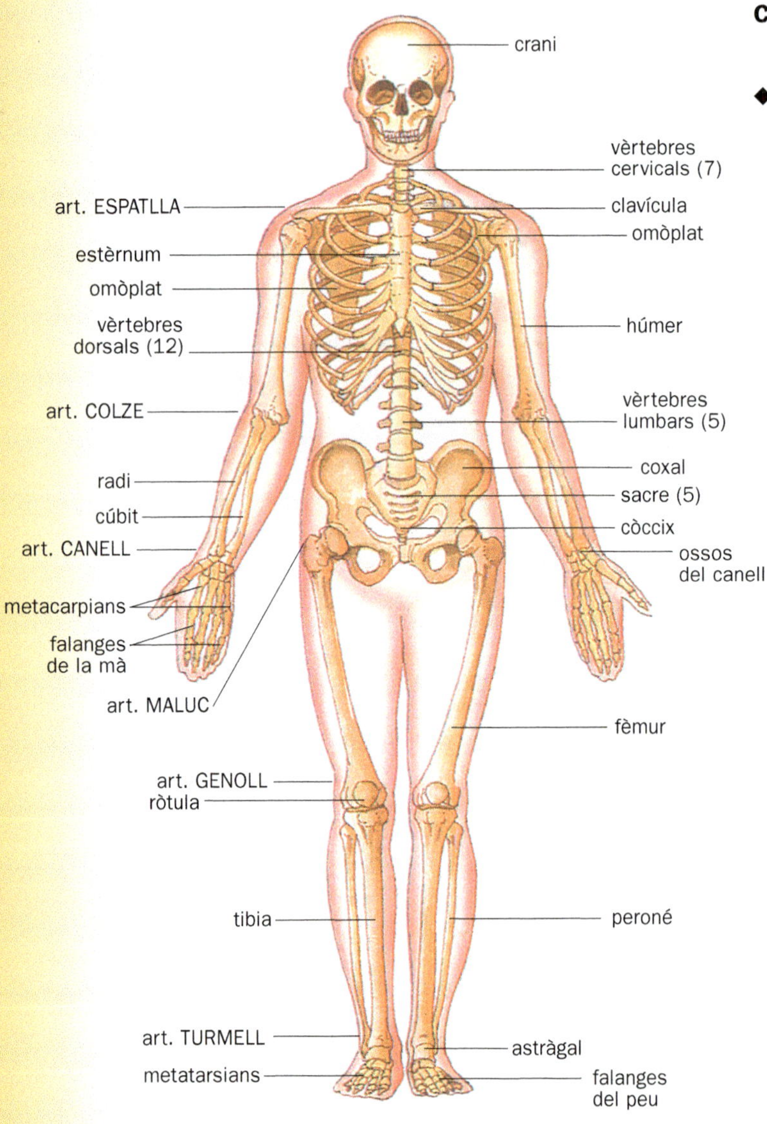

COMPONENTS BÀSICS

- **L'esquelet**. Format pels *ossos* i les *articulacions*.

Tipus d'ossos:

- *Llargs*: s'empren com a palanques òssies (fèmur) o serveixen de protecció (costelles).
- *Curts:* formen part d'estructures complexes (ossos del carp en el canell).
  També poden servir de protecció d'alguns òrgans més delicats (cas de les vèrtebres).
- *Plans*: s'encarreguen de protegir òrgans vitals (ossos del crani o de la pèlvis).

Tipus d'articulacions:

- *Mòbils*: amb mobilitat completa (espatlla, genoll, maluc).
- *Semimòbils*: amb moviment limitat (vèrtebres).
- *Fixes*: sense moviment (articulacions del crani).

◆ **Els músculs**

Tipus de músculs:

- *Llisos*: amb llur contracció i relaxació possibiliten el moviment de les vísceres (estómac, intestí, artèries...).
- *Estriats*: conformen la musculatura de l'esquelet. En contraure's i relaxar-se provoquen el seu moviment.
- *Múscul cardíac*: forma el cor. La seva contracció i relaxació bombeja la sang per tot l'aparell circulatori.

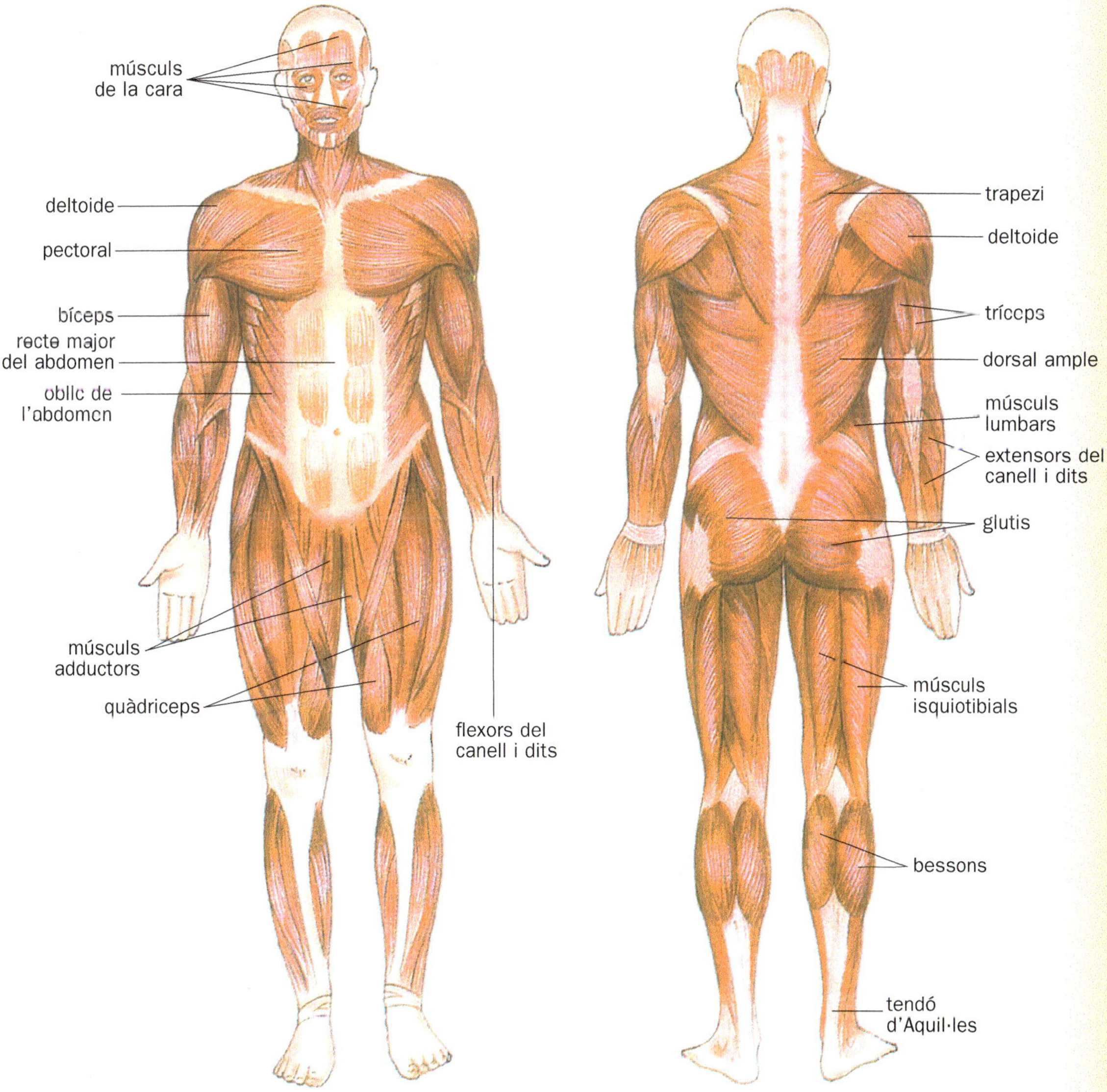

COM CAPTEM ELS NUTRIENTS I L'OXIGEN?

L'APARELL DIGESTIU

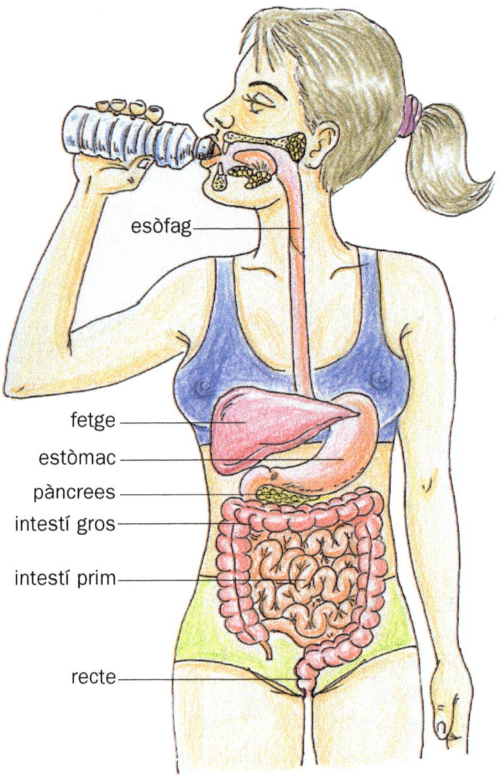

FUNCIÓ

És l'encarregat de possibilitar l'entrada d'aliments, de processar-los, d'absorbir els nutrients essencials i d'eliminar els productes de rebuig.

COMPONENTS BÀSICS

- **La boca**: via d'entrada dels aliments. En el seu interior hi ha **les dents**, que desfan i trituren els aliments per poder-los deglutir.

- **L'esòfag**: conducte per on es transporten aquests aliments cap a l'interior.

- **L'estómac**: s'encarrega de dissoldre'ls i processar-los perquè puguin ser aprofitats posteriorment. En aquest procés col·laboren els diversos *sucs gàstrics*, que s'encarreguen de la síntesi dels aliments.

- **Els intestins gros i prim**: llur funció és extraure els nutrients bàsics dels aliments. A l'intestí prim es produeix l'*absorció*, procés mitjançant el qual els nutrients passen a la sang.

- **El recte**: via de sortida dels residus no aprofitables cap a l'exterior.

- **Glàndules annexes:** el **fetge**, que s'encarrega d'elaborar la *bilis*, substància que ajuda la dissolució o emulsió dels greixos i l'eliminació de toxines de la sang, i el **pàncrees**, que segrega els *sucs pancreàtics*, que ajuden a filtrar els aliments en els intestins.

Recorda que...

El sedentarisme és un dels grans enemics del cos humà. Defuig-lo, cerca un exercici físic que t'agradi i... mou-te!

L'APARELL RESPIRATORI

FUNCIÓ

Introdueix l'aire de l'exterior a l'interior de l'organisme per absorbir l'oxigen que porta i cedir-li el CO_2 per a la seva eliminació.

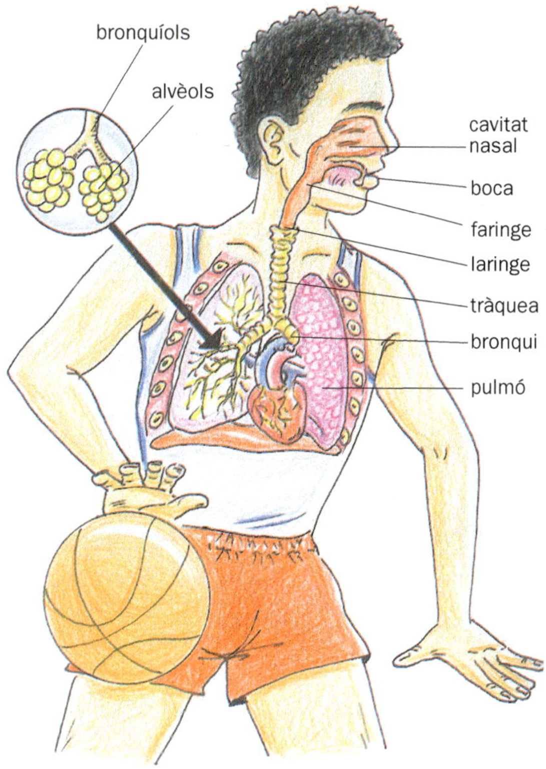

COMPONENTS BÀSICS

- **Les vies respiratòries**: orificis per on s'introdueix i s'expulsa l'aire. Són, per aquest ordre, la *boca* i *fosses nasals*, la *faringe*, la *laringe*, la *tràquea*, els *bronquis* i els *bronquíols*.
- **Els pulmons**: cavitats on s'alberga l'aire en el nostre interior i on es produeix l'intercanvi de gasos. Són formats per multitud d'*alvèols pulmonars*, que són unes bossetes minúscules on s'allotja l'aire. Fins a ells arriben els capil·lars sanguinis per fer possible l'intercanvi de gasos esmentat.

COM FUNCIONA L'APARELL RESPIRATORI?

Hi ha una sèrie de músculs respiratoris, el principal dels quals és el *diafragma*, la contracció del qual "amplia" el volum de la caixa toràcica. Així, es crea una disminució de pressió que fa que l'aire entri als pulmons. A dins, l'aire penetra en els alvèols pulmonars (ventilació pulmonar) i es produeix l'intercanvi d'O_2 i CO_2 amb els capil·lars de l'aparell cardiovascular.

QUI TRANSPORTA ELS NUTRIENTS I L'OXIGEN?

L'APARELL CARDIOVASCULAR

FUNCIÓ

Transporta els nutrients i l'oxigen als músculs i a tots els altres teixits del cos humà a través de la sang. També recull el CO_2 de tots els teixits per enviar-lo als alvèols pulmonars des d'on serà expulsat posteriorment.

COMPONENTS BÀSICS

- **El cor**: bombeja la sang amb la potència suficient per repartir-la per tot l'organisme.
- **L'aparell circulatori**: conjunt de vasos sanguinis pels que circula la sang. Poden ser:

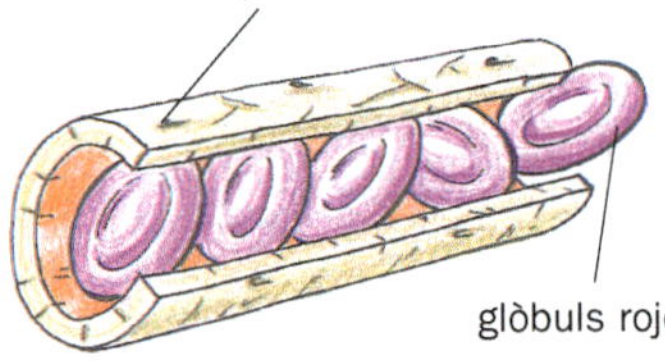

- *Artèries i arterioles*: porten la sang a tos els teixits corporals.
- *Capil·lars*: difonen la sang pels teixits, tot aportant nutrients i O_2 a les cèl·lules i recollint el CO_2.
- *Vènules i venes*: recullen la sang de tots els teixits i la retornen al cor.

COM ÉS EL COR?

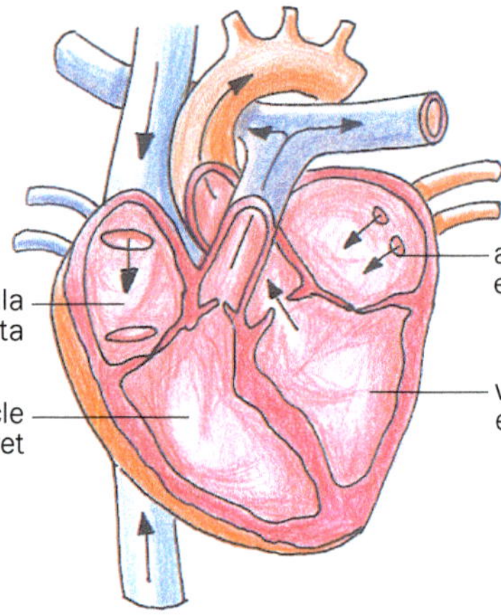

El cor és un múscul, de la mida del puny, que conté quatre cavitats: dues aurícules (cavitats superiors) i dos ventricles (cavitats inferiors). Cada aurícula es comunica amb el ventricle del mateix costat.

El cor realitza una sèrie de contraccions, anomenades *sístoles*, la finalitat de les quals és expulsar la sang; i unes dilatacions, anomenades *diàstoles*, mitjançant les quals n'absorbeix.

Quan ens comptem les pulsacions en fer exercici, estem contant les sístoles del nostre cor. Com deus recordar de cursos anteriors, les pulsacions les percebem fàcilment amb els dits tot posant-los damunt l'artèria caròtida o en la radial, o també posant-nos la mà damunt el pit.

QUI ORDENA I REGULA EL MOVIMENT?

EL SISTEMA NERVIÓS

FUNCIÓ

Envia les ordres necessàries per crear i coordinar el moviment. També activa tots els sistemes de l'organisme.

COMPONENTS BÀSICS

- **Sistema nerviós vegetatiu**: és l'encarregat de governar el funcionament dels òrgans corporals i de mantenir-ne les funcions (respiració, digestió, ritme cardíac i circulació...).

◆ **Sistema nerviós de relació**: possibilita les relacions amb l'exterior, com crear el moviment, percebre pels sentits (oïda, gust, olfacte, vista i tacte) i notar les sensacions (calor, fred, dolor, etc.). És constituït per:

- *Sistema nerviós central.* Format pel *cervell*, el *cerebel*, el *tronc de l'encèfal* i la *medul·la espinal* (allotjada en la columna vertebral).
- *Sistema nerviós perifèric.* Constituït pels *nervis* que surten de la medul·la i que innerven tots els òrgans del cos, entre ells els músculs. Cada nervi s'estructura en multitud de cèl·lules nervioses anomenades *neurones*.

SABIES QUE...?

- Les artèries no són artèries! Una *artèria*, que com ja saps és un vas sanguini, significa en grec "*conducte d'aire*". Aquest nom es deu a un savi grec que va viure 300 anys abans de Crist, anomenat Praxàgoras. Les batejà amb aquest nom perquè, en dissecar els cadàvers per estudiar-los, sempre trobava les artèries buides i, en canvi, les venes les trobava plenes de sang. D'aquesta manera va arribar a la conclusió que les artèries servien per conduir l'aire, quan, en realitat, estaven buides perquè el cor havia deixat d'impulsar la sang.

Praxàgoras

- L'aparell locomotor té 605 músculs i només per donar un pas quan caminem ja n'intervenen 100.
- El cervell pesa 1,5 quilograms i té entre 50.000 i 100.000 milions de cèl·lules. El nostre cos és recorregut per uns 150.000 quilòmetres de nervis.
- Els glòbuls vermells de la sang, a causa de la seva "grandària", es veuen obligats a passar en "fila índia" pels capil·lars sanguinis.

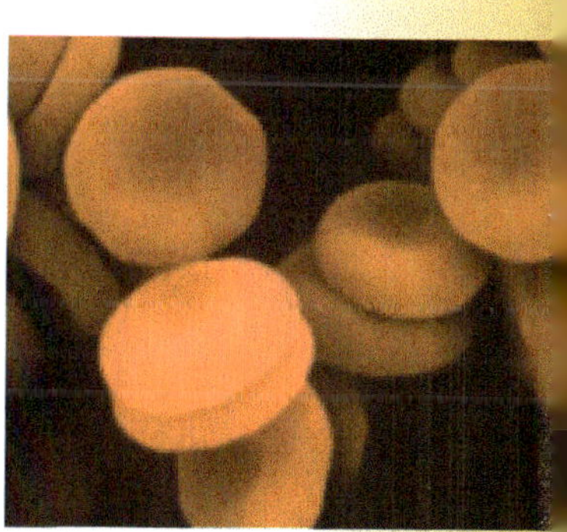

Glòbuls vermells

- Un os és sis vegades més fort que una barra de ferro del mateix pes.
- De mitjana, una persona té en el seu aparell circulatori uns 5 litres de sang.
- Una persona en repòs respira uns 5 litres d'aire per minut. Però quan practica exercici físic pot arribar a respirar... de 50 a 100 litres per minut!

2 LA CONDICIÓ FÍSICA I LA SALUT

LA CONDICIÓ FÍSICA I LA SALUT

- QUÈ ÉS?
- QUINS SÓN ELS SEUS COMPONENTS?
- LA CONDICIÓ FÍSICA I LA SALUT
- ELS FACTORS QUE INCIDEIXEN EN LA CONDICIÓ FÍSICA

QUÈ ÉS LA CONDICIÓ FÍSICA?

Com ja saps, el funcionament de tots els sistemes de l'organisme ens permet viure plenament: estudiar, practicar esport, passejar...

Moltes vegades, per l'esforç constant a què és sotmès en la vida diària, el nostre organisme es cansa. Qui no ha experimentat alguna vegada, al final de la jornada, la sensació de trobar-se totalment esgotat? La capacitat que tenim per superar millor aquest cansament depèn de l'anomenada **condició física**.

Podem definir la condició física com l'**estat físic en què ens trobem en cada moment**. Una condició física bona permet a la persona poder desenvolupar el seu treball diari amb energia, eficàcia i sense patir un cansament excessiu. Per contra, un nivell deficient repercutirà negativament en la realització de les nostres activitats diàries.

QUINS SÓN ELS SEUS COMPONENTS?

La condició física d'una persona és la suma del nivell de cadascuna de les seves qualitats. En avaluar cadascuna d'aquestes qualitats podem valorar el nostre rendiment físic i també la nostra condició física.

- **La resistència**: s'avalua en quina mesura el cos humà és capaç d'aguantar esforços durant un període llarg de temps (caminant, corrent, nedant, anant amb bicicleta, etc.). Perquè això sigui possible cal que l'aparell cardiovascular transporti als músculs el màxim O_2 possible.
- **La força**: s'avalua en quina mesura el cos humà és capaç de vèncer càrregues i pesos, començant pel pes del propi cos (fent abdominals, aixecant pesos, portant càrregues, etc.). Perquè això sigui possible cal que la musculatura corporal estigui prou desenvolupada i enfortida.

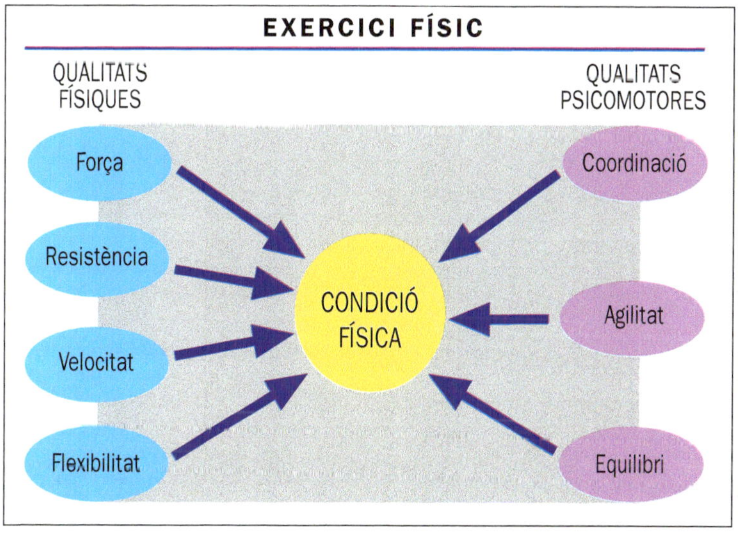

- **La flexibilitat**: s'avalua en quina mesura el cos humà pot realitzar tots els seus moviments en la seva màxima amplitud i extensió. Perquè això sigui possible cal que les articulacions es moguin de manera correcta i que els músculs s'estirin degudament.
- **La velocitat**: s'avalua en quina mesura el cos humà és capaç de realitzar moviments o desplaçar-se amb rapidesa. Per aconseguir-ho cal que el sistema nerviós sigui capaç d'enviar ordres per reaccionar tan ràpid com sigui possible.
- **La coordinació, l'agilitat i l'equilibri**: són les anomenades qualitats psicomotores, que podràs veure a l'atlas visual de la Unitat 2.

LA CONDICIÓ FÍSICA I LA SALUT

Com pots observar, la condició física depèn del nivell de totes aquestes qualitats i elles, alhora, depenen de l'òptim funcionament i desenvolupament dels aparells i sistemes diversos del cos humà. Un bon corredor de fons disposa, per posar un exemple, d'uns aparells cardiovascular i respiratori molt eficients. Per descomptat, molt més desenvolupats que els d'una persona normal i corrent.

Per aquesta raó, *la condició física va íntimament lligada a la salut de la persona*. Podem assegurar que una bona condició física *permet gaudir una bona salut i prevé malalties*. Una condició física dolenta pot ser la causa d'una salut deficient i facilitar l'aparició de malalties per un mal funcionament dels aparells i sistemes diversos del cos humà.

QUINS FACTORS INCIDEIXEN EN LA CONDICIÓ FÍSICA I LA SALUT?

La condició física i la salut no són estats permanents. Poden millorar si tenim un model de vida actiu, ordenat i amb hàbits saludables; o bé pot empitjorar si, per contra, el nostre model de vida és inadequat. Són diversos els factors que poden fer disminuir o augmentar la condició física i la salut. Fixa-t'hi bé:

LES QUALITATS PSÍQUIQUES I SOCIALS

Per augmentar la nostra condició física i la nostra salut és fonamental tenir una sèrie de qualitats personals. Adoptar hàbits nous i eliminar totalment aquells que perjudiquen la nostra salut significa fer un pas endavant, i per aconseguir-ho són necessàries algunes qualitats psíquiques i socials. Vegem-ne algunes:

- Actitud positiva i confiança en les possibilitats pròpies, per intentar millorar tant com sigui possible.
- Voluntat: aquesta qualitat és coneguda com "el múscul de l'esperit", una mena de motor que fa funcionar la persona. Proposa't projectes i metes concretes i emprèn-les amb decisió.
- Autodisciplina: exigeix-te complir les activitats i horaris que t'hagis proposat seguir.
- Amistat, companyonia: recorda que no estem sols, sinó que som éssers socials, que també necessitem els altres. Conrea l'amistat!

L'EXERCICI FÍSIC

La seva pràctica regular ens ajudarà a augmentar el nivell de les nostres qualitats físiques. Per això, és recomanable que l'exercici físic ocupi una part no menyspreable del lleure de la persona. Per contra, sabem que el *sedentarisme* és un model de vida que, en no fer treballar els sistemes i aparells de l'organisme d'una manera suficient, perjudica la condició física i la salut.

Activitat sedentària

EL DESCANS

Tot treball, i per descomptat l'exercici físic, necessita el seu descans corresponent. El cos humà precisa un

temps prudencial per recuperarse dels esforços i restituir les seves funcions abans de començar una altra activitat. Però, compte! Cal no confondre descans amb sedentarisme.

- Pel seu efecte reparador, és necessari respectar un horari mínim per al son, que, a la teva edat, ha de ser d'entre 8 i 9 hores.

L'ALIMENTACIÓ

L'alimentació és una funció vital per a l'organisme, que necessita ingerir els aliments per:

1. Obtenir energia i poder realitzar els moviments.
2. Poder construir i reparar els teixits diversos del cos humà.
3. Regular les funcions del cos humà (temperatura, metabolismes, etc.).

Per tant, és impossible que puguin donar-se una condició física i una salut bones sense una alimentació correcta. Dels aliments extraiem els anomenats nutrients essencials, bàsics per viure. Són els hidrats de carboni, les proteïnes, els greixos, l'aigua, les sals minerals, les vitamines i la fibra.

Perquè la teva alimentació sigui correcta, has d'intentar seguir les normes següents:

- *Alimenta't d'una manera variada*, per garantir que obtens tots els nutrients essencials. Això significa que has de menjar "de tot" i no exclusivament allò que t'agrada més.
- *Alimenta't de manera equilibrada,* sense que hi hagi un excés o un dèficit de qualsevol nutrient essencial; el dèficit de minerals o l'excés de greixos poden ocasionar-te problemes de salut.
- *Fes sempre els cinc àpats diaris:* el desdejuni, l'esmorzar, el dinar, el berenar i el sopar.
- *Beu regularment*. Una hidratació correcta és fonamental per al bon funcionament de l'organisme. Si a més practiques esport, és essencial beure aigua durant l'exercici i després de practicar-lo. Has de tenir en compte que la simple sensació de set ja pot ser un símptoma de deshidratació.
- *Elimina la "pastisseria" dels esmorzars i menjars d'entre hores*. No són aliments equilibrats a causa

de la gran quantitat de greix que contenen. És més aconsellable menjar l'entrepà tradicional, que ens garanteix els nutrients essencials d'una manera equilibrada.

- *Menja fruita* sovint.
- *Tingues cura de les dents.* Les dents formen part de l'aparell digestiu i si no estan en bones condicions, són una font d'entrada de moltes bactèries que poden causar no només malalties sinó també lesions. Sabies que un esportista d'elit ha de tenir les dents perfectes? D'altra banda, hauràs sentit parlar d'una malaltia anomenada *càries*, que poc a poc va destruint les dents. Per evitar-la, has de raspallar-te-les després de cada àpat i evitar els aliments massa ensucrats (pastissos, caramels, etc.).

L'EDAT

Evidentment, la condició física va augmentant a mesura que la persona es va desenvolupant. A partir d'aquí, pot anar decreixent paral·lelament a l'envelliment, però aquesta disminució és més brusca en les persones sedentàries. Per posar-te un exemple, és normal trobar persones de més de 60 anys que corren mitges maratons i maratons senceres, la qual cosa, sens dubte, representaria un esforç impossible de realitzar per a molts nois i noies.

LES CONDICIONS GENÈTIQUES

Alguns aspectes que influeixen en la condició física i la salut poden heretar-se genèticament, per exemple, el tipus de fibres musculars. Però has de pensar que el treball i la constància permeten millorar igualment les nostres qualitats.

EL CONSUM DE DROGUES

Et trobes en una edat de canvi. Vas coneixent moltes persones. Per a tu i per als teus companys és un moment interessant per la quantitat d'experiències noves que esteu acumulant. És probable que alguns dels teus amics i amigues hagin adquirit una sèrie d'hàbits, alguns dels

quals poden afectar-los greument la salut. Precisament per això, és important que coneguis els perjudicis que poden comportar, perquè puguis adoptar una actitud crítica envers ells i actuar en conseqüència.

EL TABAC

L'hàbit del tabac és un dels més escampats avui en dia, malgrat les campanyes informatives sobre els seus efectes secundaris. La majoria de vegades es fuma simplement per adoptar una "actitud social" o per inèrcia, sense arribar a obtenir-ne cap sensació de benestar en absolut.

La "presumpta" relaxació que s'acostuma a esgrimir (segur que alguna vegada has sentit o has dit "fumo perquè quan estic nerviós em relaxa") no és més que la necessitat de convèncer-se de que el tabac serveix per a alguna cosa. Es converteix, per tant, en una sensació psíquica més que física.

Del que sí hauràs sentit parlar és de les seqüeles del tabac en l'organisme:

- *Aparell respiratori*: danya les mucoses que protegeixen les nostres vies respiratòries d'agents externs, amb la qual cosa és molt fàcil contraure infeccions. Destrueix els alvèols pulmonars i disminueix la capacitat respiratòria.
- *Sistema cardiovascular*: els compostos químics del tabac (nicotina, CO_2, quitrà) perjudiquen les artèries destruint les parets i eliminant-ne l'elasticitat, amb la qual cosa el mateix cor es veu afectat. També limita l'intercanvi d'O_2 i CO_2 en els capil·lars. Tot plegat fa que la persona es cansi ràpidament en realitzar qualsevol esforç físic.
- Per últim, has de saber que hi ha una relació directa entre el consum de tabac i l'aparició de càncer.

Per totes aquestes raons, en els mateixos paquets de tabac t'adverteixen que fumar perjudica seriosament la salut. T'has aturat a pensar en tot això?

LES BEGUDES ALCOHÒLIQUES

L'alcohol és una altra de les drogues "acceptades socialment". Si es consumeix moderadament, diverses begudes alcohòliques com el vi o la cervesa poden formar part d'una alimentació correcta. Però si es consumeix en excés, produeixen uns efectes molt destructius per al organisme. Ja saps que fins i tot és prohibit realitzar determinades activitats (conduir, per exemple) si s'ha consumit alcohol. Aquests són alguns dels molts efectes negatius:

- Afecta el sistema nerviós, "destrueix" milers de neurones, que no és possible regenerar, i produeix el deteriorament de l'activitat cerebral.
- Augmenta la pressió sanguínia, altera el ritme cardíac i produeix insuficiència cardíaca. Disminueix la quantitat de glòbuls vermells i de glòbuls blancs.
- El fetge es veu obligat a treballar "a ple rendiment" per eliminar l'alcohol. Per aconseguir-ho, es va deteriorant progressivament, s'inflama i es destrueix sense possibilitat de regeneració (cirrosi hepàtica).
- Té una acció corrosiva sobre les mucoses de l'estómac i intestins, i causa gastritis i úlceres.
- Pèrdua de reflexos, disminució de la capacitat d'atenció de la persona i manca de coordinació, cosa que fa molt més perilloses les activitats, ja que hom actua de manera més confusa.
- Alteració de la consciència i de la conducta (agressivitat...)

Recuerda que...

- El ejercicio físico proporcionará más años a tu vida y más vida a tus años.
- Practica ejercicio físico con tus amigos y amigas. "El deporte es, antes que nada, compañerismo."
- El mejor remedio contra la enfermedad es la prevención: cuida tu cuerpo para gozar de una buena salud.

LES ALTRES DROGUES

Hi ha molts tipus de drogues. Algunes persegueixen efectes estimulants i altres, tot el contrari, és a dir, sedants. Unes s'injecten o s'aspiren, i altres senzillament es fumen. Però en qualsevol cas, totes tenen una característica comuna: *malmeten tremendament l'organisme i produeixen la degeneració irreversible de molts teixits.* El seu consum perjudica tant a nivell mental com físic i fins i tot pot arribar a provocar la mort.

Hi ha suficients campanyes informatives dels perjudicis de les drogues i des d'aquí, l'única cosa que et demanem és que te les prenguis seriosament.

Aquestes drogues, a l'igual que el tabac i l'alcohol, produeixen una forta addicció física i mental de la que és molt difícil alliberar-se. Per tot plegat, si algú t'ofereix la possibilitat de provar alguna droga, *"simplement digues no"*.

Efectes de la deshidratació.

Sabies que...?

- La teva jornada escolar és llarga i dura. Per això, ignorar la importància de l'esmorzar és una equivocació, perquè és el moment en què l'organisme necessita energia. Un bon consell: *"esmorza com un rei, dina com un príncep i sopa com un pobre"*.
- Quan practiquis exercici, beu sovint. Pensa que la sensació de set apareix en el cos humà quan ja no és possible recuperar totalment les pèrdues d'aigua. Per això és molt important que un esportista no esperi a beure aigua quan tingui set, perquè aleshores ja és massa tard i el seu rendiment físic i la seva concentració disminuiran de manera notable.
- Calcula el 6% del teu pes. Doncs bé, la disminució d'aquest pes corporal en forma d'aigua (sudoració) podria provocar-te un risc de coma si fa molta calor i continuessis l'exercici. La teva vida correria perill.
- "A millor condició física, millor salut", però a vegades això no és ben bé així. Existeix un límit en què un exercici abusiu pot anar contra la salut. És el cas de molts *esportistes d'elit* que pateixen lesions i patologies a causa de les nombroses competicions i llargs entrenaments que ha de suportar durant anys. També és el cas de persones que van als gimnasos fins al punt de convertir-se en autèntics addictes i de patir alteracions de caràcter si durant uns dies no hi poden anar.
- La *vigorèxia* és una malaltia en què una persona se sent absolutament descontenta amb el seu cos, perquè el veu dèbil i poc musculat, encara que en realitat no sigui així, sinó tot el contrari.

LA HIGIENE ESPORTIVA. PRIMERS AUXILIS

3

LA HIGIENE ESPORTIVA. PRIMERS AUXILIS

- QUÈ ÉS LA HIGIENE ESPORTIVA?
  - Els hàbits correctes
- L'ESCALFAMENT
  - Pautas a seguir
- LA POSTURA
  - Què és?
  - Què influeix en la postura?
  - Alguns consells

QUÈ ÉS LA HIGIENE ESPORTIVA?

En el capítol anterior, t'hem parlat de la importància de mantenir un estat de salut elevat. Aconseguir-ho és, sens dubte, una manera de millorar el nostre benestar.

Fent una mica de memòria, recordaràs que la pràctica de l'exercici físic és un dels factors que més et poden ajudar a tenir una bona salut.

I, per realitzar-lo en les millors condicions, és important mantenir una sèrie d'hàbits que ens ajudin a treure el màxim rendiment a l'exercici físic i ens protegeixin de possibles lesions. Això s'anomena mantenir una correcta **higiene esportiva**.

ELS HÀBITS CORRECTES

Llegeix a continuació alguns dels hàbits que t'ajudaran a millorar la teva higiene esportiva... i intenta posar-los en pràctica:

	La prevenció	♦ El punt de partida correcte per realitzar exercici físic és una revisió mèdica, per tal de detectar qualsevol possible anomalia de l'organisme. Potser en el teu centre o a l'ambulatori de prop de casa teva tinguis la possibilitat de passar-ne una. ♦ No facis coincidir la pràctica d'exercici físic amb la digestió d'un àpat. Deixa passar 2 hores com a mínim entre un àpat i la pràctica esportiva.
	Els hàbits	♦ Realitza un escalfament previ, suau i progressiu, que vagi condicionant el teu organisme.
DURANT L'EXERCICI...	**El material**	♦ Usa material adequat a l'activitat que realitzis. Ha de combinar comoditat i eficàcia, a més de ser transpirable. ♦ A l'hivern, recorda que el fred és enemic de l'esportista. Has d'abrigar-te correctament. La teva musculatura t'ho agrairà i podràs realitzar l'activitat en millors condicions. ♦ Usa sabatilles amb una sola que esmorteeixi els impactes a terra i porta-les sempre ben subjectades al peu.
	La hidratació	♦ A l'estiu, quan les temperatures són elevades, has de combatre la deshidratació que pot provocar la calor. Beu aigua per compensar-la i de tant en tant mulla't. ♦ En esforços llargs, també has de beure líquid suficient. Ves fent glops curts però freqüents.

Escalfament.

Hidratació.

	La seguretat	♦ Practica exercici a una intensitat adequada al teu nivell de condició física. ♦ Cerca sempre la màxima seguretat en les accions que realitzis. No siguis temerari i evita fer tot allò que suposi algun risc per a tu o per als teus companys. ♦ No masteguis xiclet mentre practiquis exercici. És perillós, ja que si te l'empasses de manera inesperada, podria obstruir-te les vies respiratòries i t'asfixiaria. ♦ No portis arracades llargues, braçalets, cadenes... Si per un descuit s'enganxessin en algun lloc, podrien provocar-te una ferida.
	El respecte	♦ Respecta l'entorn on realitzis l'exercici, ja es tracti d'instal·lacions esportives, del medi natural o de l'urbà. ♦ Fes un ús adequat del material que empris en la teva pràctica.
DESPRÉS DE L'EXERCICI...	**La higiene corporal**	♦ Dutxa't després de la pràctica d'activitat física. T'ajudarà a recuperar-te millor, a més de ser fonamental per a una correcta higiene corporal. ♦ Usa sempre xancles quan et dutxis. Evitaràs possibles infeccions a la pell. ♦ Després de dutxar-te, posa't roba seca i neta.
	Els hàbits	♦ Uns minuts d'activitat física molt suau (passeig, cursa molt tranquil·la, estiraments suaus) acceleraran la recuperació després de l'esforç. ♦ Un cop acabat l'exercici, no oblidis hidratar-te correctament (beu quantitats d'aigua petites i freqüents). Això influirà decisivament en la teva recuperació.

LA IMPORTÀNCIA DE L'ESCALFAMENT

Ja saps com n'és d'important realitzar un bon escalfament abans de la pràctica esportiva. Amb ell aconseguim un rendiment major i evitem en gran manera el risc de patir una lesió durant la pràctica.

Recorda que l'escalfament cerca preparar el nostre organisme per a l'activitat esportiva posterior i activa principalment els òrgans i aparells següents:

1. El *sistema cardiovascular* (cor i aparell circulatori).

2. L'*aparell respiratori* (pulmons i vies respiratòries).

3. L'*aparell locomotor* (articulacions i músculs principalment).

Recorda també que l'escalfament ha de tenir l'estructura següent:

1a part

1a part. Exercicis generals: exercicis dinàmics (en desplaçament). Es realitzen de manera suau i cerquen mobilitzar, d'una manera general, totes les parts del nostre cos.

2a part

2a part. Exercicis de flexibilitat: exercicis localitzats en una part del nostre organisme (braços, cames, esquena...). Normalment es tracta d'exercicis d'estirament.

3a part

3a part. Exercicis específics de l'esport: en aquesta part es realitzen accions similars a l'esport que es practicarà després. El més normal és practicar serveis (per exemple en el tennis), passades i llançaments (en els esports col·lectius...), sortides i corregudes curtes (en el cas de l'atletisme)...

QUINES PAUTES HAS DE SEGUIR?

Per a un escalfament correcte has de tenir en compte el següent:

- Ha de ser suau i progressiu. No ha de ser tan intens que provoqui fatiga. D'aquesta manera complirà l'objectiu d'ajudar a realitzar l'exercici que es farà després i no el perjudicarà amb un cansament excessiu.
- La duració de l'escalfament és molt personal. Alguns esportistes escalfen només 6 o 7 minuts, mentre que altres ho fan durant més d'una hora.
- En l'escalfament intentarem mobilitzar la major part dels grups musculars i articulars de l'organisme.

- En acabar l'escalfament, no hem de deixar passar massa estona abans de començar l'exercici, per evitar que es produeixi un refredament del cos.
- En tractar-se d'una preparació, s'han de fer exercicis que l'esportista conegui i que no suposin una dificultat afegida.

Al final d'aquesta Unitat, a l'Atles Visual, trobaràs una ampliació dels exercicis d'escalfament que ja vas aprendre. Recorda que conèixer un ventall ampli d'exercicis farà que el teu escalfament, a més de correcte, sigui més entretingut.

LA POSTURA

QUÈ ÉS LA POSTURA?

La postura és la posició en què el cos humà es manté habitualment. Així, quan estem drets o asseguts o quan caminem, col·loquem el nostre cos en una o altra postura.

La postura ha de lliurar una batalla constant amb un "enemic extern", *la força de la gravetat*. El cos humà l'ha de vèncer contínuament per mantenir en equilibri la posició del cos.

Sovint adoptem postures incorrectes que, aparentment, poden semblar més còmodes. La realitat és que, si les mantenim durant un període llarg de temps, poden perjudicar seriosament el nostre aparell locomotor i fins i tot provocar malformacions del nostre esquelet.

Recorda que...

- Si un company o companya pateix un problema físic, tu li pots ser una gran ajuda.
- Mantenir una postura correcta és fonamental per a una formació òssia adequada. Si ho fas, pots estalviar-te problemes seriosos en el futur.

QUÈ INFLUEIX EN LA POSTURA?

- Les variacions que es produeixen en l'**estructura del cos humà**, com el creixement ossi (i per tant l'alçada), el desenvolupament muscular, etc. Un desenvolupament físic compensat col·laborarà positivament en la nostra postura.
- **El sedentarisme**. És "el gran enemic" de la nostra postura. El sedentarisme comporta la pèrdua progressiva de força muscular. Amb el temps, el sistema muscular perd capacitat per "lluitar" contra la gravetat, s'adopten postures incorrectes i, a la llarga, pot provocar malformacions de l'esquelet, fonamentalment a nivell de la columna vertebral. Per contra, l'exercici físic enfortirà la musculatura adequadament i ens "estalviarà" els problemes derivats del sedentarisme.
- **El cansament**. Pot afectar la musculatura que s'encarrega del manteniment de la postura, tot perjudicant-la

- **Les ocupacions diàries**. La persona que pel seu treball ha d'estar tot el dia dreta, o l'estudiant que roman moltes hores assegut, són exemples de casos en què s'ha de tenir una cura especial de la postura que s'adopta.
- **Els sentiments**. També poden fer variar la postura. Sovint és possible "llegir" en "l'actitud postural" de la persona el seu estat d'ànim.

ALGUNS CONSELLS PER MANTENIR UNA POSTURA CORRECTA

- Millorar la força muscular de manera equilibrada. La columna vertebral és com el pal d'un vaixell, subjecte i tesat per una sèrie de cordes (els músculs). Si fallen, l'arboradura del vaixell cau. La pràctica regular d'exercici físic és d'una gran utilitat per evitar-ho.

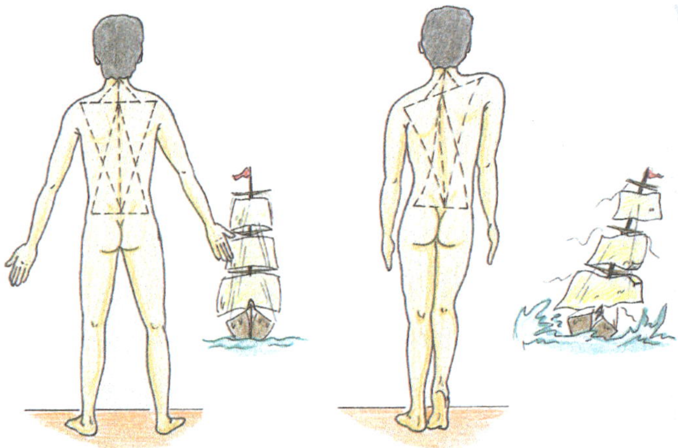

- Mantenir "hàbits posturals correctes":
  - Asseu-te sempre (per estudiar, per mirar la televisió...) de manera correcta, amb les natges ben recolzades, l'esquena dreta i ben repenjada en el respatller de la cadira. No "t'ensorris" en la cadira.
  - Quan aixequis objectes de pes, fes-ho sempre flexionant les cames i mantenint l'esquena recta. Evita les "estrebades de ronyó".
  - Quan traginis pesos, porta'ls d'una manera centrada, o bé reparteix-los en les dues mans.
  - En el teu centre escolar: no és aconsellable portar el pes de la cartera molt carregada en una sola mà i fins i tot a l'esquena. El millor és empènyer una motxilla amb rodes.
  - I, per acabar, un consell molt senzill. Intenta caminar dret, amb l'esquena recta i les espatlles enrere.

PRIMERS AUXILIS

L'ACTITUD QUE CAL TENIR DAVANT UNA LESIÓ

Davant una possible lesió, el primer que cal fer és intentar valorar-ne la gravetat. Si sembla greu, o davant el menor dubte de que pugui ser-ho, cal sempre demanar ajut especialitzat (serveis mèdics, ambulància...).

Recorda la norma "PAS":

1. **P**revenir.
2. **A**visar.
3. **S**ocórrer.

Quins simptomes tens?	Probablement sigui...	Què has de fer?
Sensació de "rampa".	Contracció muscular total o parcial, que pot ser deguda al cansament.	♦ Repòs. ♦ Estiraments. ♦ Pots aplicar-hi un massatge molt suau.
Sensació d'estrebada muscular (simptoma d'una pedrada).	Ruptura d'un grup de fibres musculars.	♦ Posa't gel durant uns 20 minuts (protegeix-te la pell amb un mocador o similar) ♦ Repòs. ♦ No hi facis cap massatge! ♦ Si el dolor és molt intens, fins i tot passats 2 o 3 dies, ves al metge.
Dolor intens i constant a l'extrem del múscul.	Inflamació del tendó d'inserció del múscul en l'os (tendinitis).	♦ Ves-t'hi posant gel en tandes de 20 minuts. ♦ Repòs absolut. ♦ Si persisteix, ves al metge. Potser necessitaràs algun antiinflamatori.
Dolor agut provocat per un cop. Pot haver-hi inflamació i és gairebé segur que hi apareixerà un blau.	Contusió (cop amb ruptura de capil·lars sanguinis petits).	♦ Treu-te la roba, sabatilles... ♦ Posa-t'hi gel. ♦ Repòs. ♦ Assistència mèdica segons la gravetat.

¿Quins símptomes tens?	Probablement sigui...	Què has de fer?
Esclafit, dolor localitzat i/o impossibilitat de realitzar moviment, com a conseqüència d'una caiguda, un cop...	Fractura o fissura d'un os.	♦ No moguis la part lesionada. ♦ Fixa-la amb una bena per evitar que es mogui. ♦ Trasllat urgent a un centre hospitalari.
Dolor molt intens i localitzat després d'una "torçada".	Distensió articular (lesió dels lligaments que subjecten l'articulació).	♦ Posa-t'hi gel durant uns 20 minuts. ♦ Repòs de l'articulació. Si és un turmell, tingues-lo aixecat. ♦ Ves a un centre mèdic.
Cop molt fort que provoca un dolor molt intens en una articulació (sovint es produeix a l'espatlla).	Luxació (sortida d'un os de l'articulació) i/o fractura.	♦ Immobilització immediata del membre afectat. ♦ No intentis mai posar-lo a lloc. Ho ha de fer un metge. ♦ Trasllat urgent a un centre mèdic.
Sagna el nas.	Hemorràgia nasal per lesió d'algun dels capil·lars de les foses nasals.	♦ Tingues el cap dret. ♦ Pressiona el nas amb força per la part superior durant 5 o 10 minuts. ♦ Respira per la boca. ♦ Si continua, ves a un centre hospitalari.
Sensació d'asfíxia en la realització d'exercici físic.	Insuficiència respiratòria per l'esforç intens.	♦ Camina lentament realitzant inspiracions profundes acompanyades d'obertura de braços. ♦ Expiració forçada.
Impossibilitat de respirar, més concretament d'expulsar l'aire.	Crisi asmàtica.	♦ Aturar l'exercici. ♦ Usar el broncodilatador. ♦ Relaxa't i respira amb inhalacions curtes i superficials fins que desapareguin les molèsties.
Sensació de set, sequedat de mucoses combinada amb cansament, decaïment...	Deshidratació.	♦ Beu aigua abundantment. ♦ Mulla't el cap.
Per exposició prolongada al sol, mal de cap fort, que pot anar acompanyat de vertigen, panteix, suor freda i vòmits.	Insolació.	♦ Atura l'exercici. ♦ Aparta't de la font de calor. ♦ Beu aigua abundantment. ♦ Posa't una tovallola humida al front. ♦ Ves a un centre hospitalari.
Mareig i/o pèrdua de coneixement.	Desmai per manca de rec sanguini a nivell cerebral. Hipoglucèmia (baixada del nivell de glucosa de la sang). Altres causes (problemes cardíacs o nerviosos).	♦ Estira't d'esquena a terra, amb les cames una mica enlairades. ♦ Descorda't la roba. ♦ Posa't al front un mocador o similar mullat amb aigua freda. ♦ Controla la respiració. ♦ En cas de pèrdua del coneixement, trasllat urgent a un hospital.
Pèrdua sobtada de consciència amb caiguda, acompanyada d'espasmes, contraccions, escuma per la boca...	Atac epilèptic.	Les persones presents han de: ♦ Evitar que es lesioni amb les contraccions. ♦ Intentar tranquil·litzar-lo. ♦ Posar-li el cap de costat. ♦ Col·locar un objecte entre les dents (mocador, llapis...) per evitar que es mossegui la llengua. ♦ Cercar assistència mèdica.

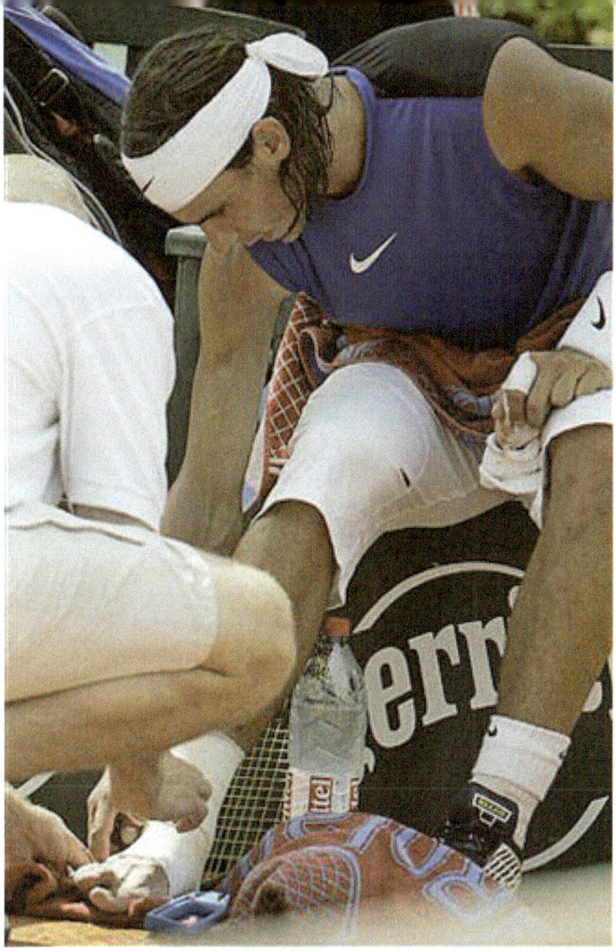

Recorda que...

- Tenir nocions de primers auxilis és una manera de prestar un bon servei als altres.
- No has de descuidar la teva higiene personal. Associa sempre la pràctica d'exercici físic a una bona dutxa... amb les xancles.

SABIES QUE...?

- Mentre que amb els patins de línia són freqüents les lesions de turmell, en el cas de l'esquí, les botes altes que s'usen protegeixen aquesta articulació i les lesions més freqüents són les de genoll.
- A ple hivern, és habitual veure esportistes que han sofert alguna lesió posar les cames a l'aigua del mar durant una bona estona. És curiós observar-los, amb un anorac a la part superior del cos i les cames submergides dins l'aigua. I és que s'ha demostrat que l'aigua freda del mar, que a més conté moltes sals minerals, posseeix propietats curatives valuoses.
- Un exercici físic adequat és la millor manera de solucionar algunes afeccions respiratòries. De fet, molts campions havien patit anteriorment asma, al·lèrgies o altres malalties respiratòries.
- En molts esports, l'articulació del turmell és sotmesa a moviments constants que la forcen fins al límit. Per això, la majoria dels esportistes quan juguen es protegeixen els turmells amb una bena anomenada "tapping". Fins i tot alguns esportistes professionals queden obligats per contracte a portar-la.

ATLES VISUAL: ampliem l'escalfament

EXERCICIS GENERALS

EXERCICIS DE FLEXIBILITAT

4 LA RESISTÈNCIA (II)

LA RESISTÈNCIA (II)

- AIXÒ ÉS EL BÀSIC
  - Què és la resistència?
  - Els tipus de resistència
  - La intensitat de l'exercici
- LA RESISTÈNCIA I ELS APARELLS CARDIOVASCULAR I RESPIRATORI
  - De la resistència aeròbica a l'anaeròbica
- ELS BENEFICIS DE L'ENTRENAMENT DE RESISTÈNCIA
- COM MILLORAR LA RESISTÈNCIA?
  - Els mètodes per millorar la resistència

Això és el bàsic...

QUÈ ÉS LA RESISTÈNCIA?

La resistència és la qualitat física que ens permet realitzar esforços de llarga durada, ja sigui en la pràctica d'un esport, o bé en la nostra vida diària. Així, si tenim una bona resistència, podrem jugar un partit del nostre esport predilecte sense esgotar-nos, realitzar una bona sessió de fúting, o fer un recorregut llarg amb bicicleta. A més, també podrem, per exemple, pujar les escales de casa sense cansar-nos, o aguantar millor una jornada de treball.

QUINS TIPUS DE RESISTÈNCIA HI HA?

- La resistència **aeròbica**: es treballa la resistència aeròbica quan l'exercici que practiquem és d'una intensitat moderada. L'oxigen arriba de manera suficient a la musculatura que estem treballant i podem realitzar l'esforç durant molta estona. La sensació de cansament que experimentem és petita. Exemples de resistència aeròbica són: anar corrent tranquil·lament, nedar de manera suau...
- La resistència **anaeròbica**: es treballa la resistència anaeròbica quan es realitza un esforç molt intens. La necessitat d'oxigen en la musculatura és molt elevada i no podem aportar-hi tot el que es necessita. Així l'exercici resulta molt esgotador i ens és impossible practicar-lo durant molta estona. Una cursa de 400 m, relativament curta però molt intensa, n'és un bon exemple.

QUINA ÉS LA QUE NOSALTRES HEM DE PRACTICAR?

Ens interessa més practicar la resistència aeròbica, mitjançant treballs més llargs però més tranquils, ja que és la qualitat que desenvolupa el nostre sistema cardiovascular, oxigena la musculatura, etc.

COM PODEM CONTROLAR LA INTENSITAT DE L'EXERCICI?

Mitjançant el control de les pulsacions, és a dir, de la freqüència dels batecs del nostre cor. Podem comptar-nos les pulsacions en diverses artèries: la radial, al costat intern del canell, o la caròtida, al costat del coll; també podem notar directament els batecs del cor posant-nos la mà damunt el pit.

DURANT QUANTA ESTONA HEM DE CONTAR-NOS LES PULSACIONS?

Cal fer el càlcul de les que es produeixen en un minut, però com que en el transcurs d'un minut les pulsacions poden variar, es recomana comptar-les en períodes de temps més curts i després multiplicar i calcular-les per minut. Les pots comptar, per exemple, durant 15 segons i multiplicar per 4; o bé durant 6 segons i multiplicar-les per 10.

QUINA RELACIÓ HI HA ENTRE LA RESISTÈNCIA...

... I ELS APARELLS CARDIOVASCULAR I RESPIRATORI?

La resistència és una qualitat basada en l'arribada d'oxigen a la nostra musculatura.

Dos aparells (que ja has estudiat en el Tema 1) són els encarregats d'aconseguir-ho:

- L'**aparell respiratori**, la funció del qual és introduir en el nostre organisme l'aire, del qual captarem l'oxigen que necessitem per realitzar l'esforç. A més, s'encarrega d'expulsar a l'exterior el diòxid de carboni que es produeix en la combustió.
- L'**aparell cardiovascular**, que s'encarrega de distribuir la sang per tot el nostre cos. La sang, bombejada pel cor, recorre una xarxa extensa d'artèries i venes, i arriba a tots els indrets del nostre organisme.

QUÈ PASSA EN L'EXERCICI?

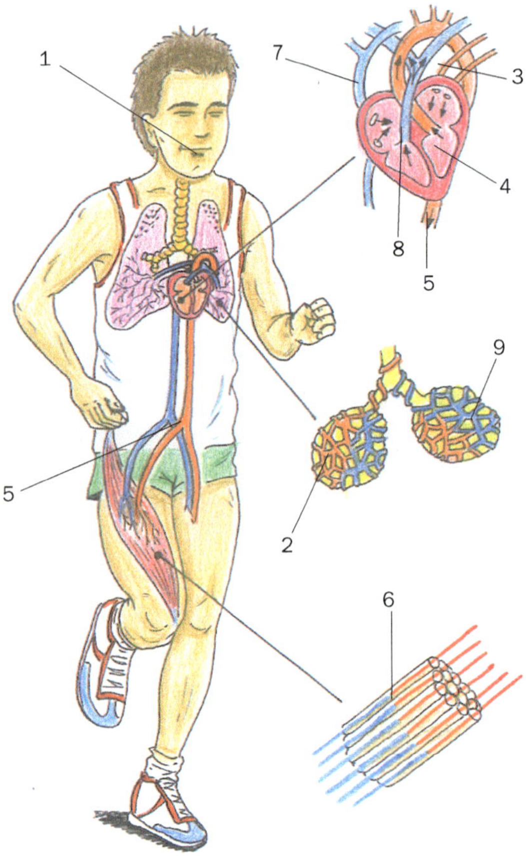

1. L'oxigen s'introdueix en el nostre organisme dissolt en l'aire, que entra per la boca i les fosses nasals i arriba fins als pulmons per les vies respiratòries.
2. En els alvèols pulmonars, que es troben rodejats de minúsculs **capil·lars sanguinis**, la sang capta l'oxigen.
3. Aquesta sang oxigenada es dirigeix cap al cor per les venes pulmonars i entra en l'**aurícula esquerra** (cavitat superior).
4. De l'aurícula, a través de la vàlvula **mitral**, la sang passa al **ventricle esquerre** (cavitat inferior). Quan aquest és ple, realitza una contracció forta (**sístole**) i la sang surt propulsada per l'artèria aorta. És el que coneixem com un batec del cor.
5. La sang circula per tota la xarxa arterial i es distribueix per tot el nostre cos, però sobretot, a les zones del cos que són més actives en l'exercici. Un exemple perquè ho entenguis més fàcilment: quan corres, si bé la sang es distribueix per tot el cos, a la musculatura de les cames n'hi va més quantitat.
6. Les artèries es van dividint de manera massiva fins als capil·lars sanguinis. En ells s'allibera l'oxigen de la sang i es recull el diòxid de carboni per ser eliminat. Fixa-t'hi bé:

- Si l'exercici és molt suau, l'oxigen arribarà a les fibres musculars en quantitat suficient i la persona realitzarà un esforç **aeròbic**.
- Si l'exercici és intens, encara que el sistema respiratori i cardiovascular enviïn tot l'oxigen possible, aquest serà insuficient per satisfer les necessitats de les fibres musculars. En aquest cas es tractarà d'un esforç **anaeròbic**.

7. Ja de retorn, el diòxid de carboni és transportat per la sang a través del sistema venós. La sang conflueix finalment en les venes caves, que la buiden a l'interior de l'**aurícula dreta** del cor.

8. De l'aurícula dreta passa al ventricle dret a través de la vàlvula tricúspide. Quan aquest és ple, impulsa la sang per les artèries pulmonars cap als pulmons.

9. De nou arriba la sang als alvèols pulmonars i en els seus capil·lars sanguinis s'allibera el diòxid de carboni i es capta l'oxigen, començant així un nou procés.

Has de tenir en compte que, a més de l'oxigen, la sang transporta els nutrients que s'extreuen de l'alimentació i que són necessaris per a la vida humana. Són recollits per l'aparell circulatori de l'intestí i distribuïts per la sang per tot l'organisme.
En el cas d'exercicis molt prolongats, com en una cursa ciclista o en una marató, els nutrients són necessaris per poder aguantar tot el recorregut. Per això s'hi instal·len els coneguts avituallaments, en què es garanteix aquesta aportació.

DE LA RESISTÈNCIA AERÒBICA A L'ANAERÒBICA

Vols saber quan realitzes un esforç aeròbic o un d'anaeròbic? Per començar has de saber que el pas d'un treball aeròbic a un d'anaeròbic és diferent per a cada persona. Actualment, els preparadors i els metges esportius usen mètodes molt sofisticats per calcular aquest canvi. Saber en quin moment es produeix és molt útil per programar un entrenament.

Prenent el pols.

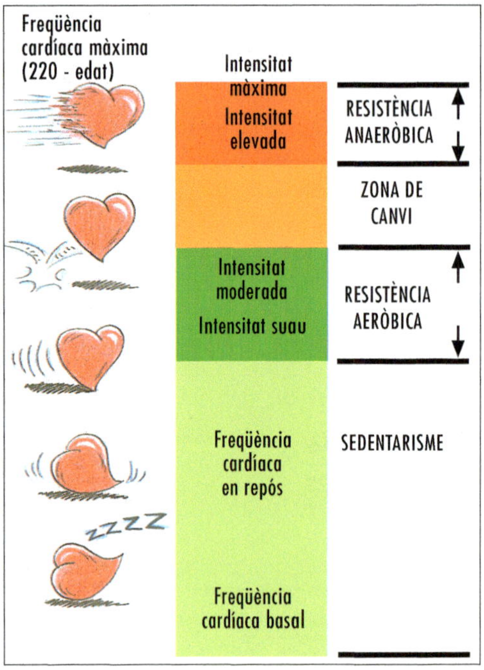

Generalment, el moment a partir del qual es comença a treballar anaeròbicament se situa *entre el 70% i el 85% de la Freqüència Cardíaca Màxima*. Aquesta zona s'anomena "**zona de canvi**".

Quan vulguis entrenar la resistència aeròbica has d'assegurar-te que les pulsacions durant l'esforç no superin la zona de canvi. Si la teva freqüència cardíaca es troba just dins aquesta zona de canvi, has de saber que al teu organisme li comença a faltar oxigen i que, per tant, ja inicies un treball anaeròbic. Per contra, si vols treballar la **resistència anaeròbica**, has de treballar amb intensitat, de manera que les teves pulsacions superin la zona de canvi.

Veiem-ne un exemple pràctic

La Freqüència Cardíaca Màxima pot calcular-se senzillament mitjançant la regla general de *220 – edat de la persona*. Per exemple, en una persona de 15 anys, la FCMàx. se situaria aproximadament en 220 – 15 = **205** pulsacions per minut.

Si apliquem a aquest exemple la fórmula per calcular la zona de canvi, obtindríem el resultat següent:

Freqüència Cardíaca Màxima: 220 – 15 = 205

- el 70% de 205 és aproximadament 143/144 pulsacions per minut.
- el 85% de 205 és aproximadament 174/175 p/m.

Així doncs, l'esforç serà aeròbic per sota de 143/144 p/m. Se situarà en la zona de canvi entre 144 – 174 p/m aproximadament. L'esforç serà anaeròbic per damunt de 175 p/m.

QUINS BENEFICIS ENS APORTA EL SEU ENTRENAMENT?

Suposant que fessis regularment un treball de resistència (com per exemple anar a nedar tres dies a la setmana durant tot un curs), millloraries molt la teva capacitat per suportar la fatiga.

Però, a què és deguda aquesta millora? *Per què ara aconsegueixes nedar més metres i, a més, cansar-te menys?* Doncs perquè en el teu cos s'han produït una sèrie de canvis. Heu-ne aquí alguns:

1. Un **augment del nombre de glòbuls vermells** de la sang, que són els encarregats de transportar l'oxigen.
2. **Augment de la mida del cor**: d'una banda augmenta la seva capacitat interna i d'altra el gruix de les parets.
3. Augment de la **xarxa de capil·lars** de l'aparell circulatori.
4. Augment de la **capacitat respiratòria** (la capacitat dels teus pulmons i de transportar l'aire per les vies respiratòries).
5. Finalment, pensa que la resistència aeròbica és una qualitat que t'ajuda a mantenir el pes ideal.

Recorda que...

Un treball de resistència adequat és una manera excel·lent de mantenir una bona salut. Tonifica l'aparell locomotor i manté en condicions òptimes l'aparell cardiovascular i l'aparell respiratori.

COM PODEM MILLORAR LA RESISTÈNCIA?

A continuació, et proposarem els mètodes més habituals per millorar la resistència. Has de tenir en compte que poden realitzar-se sobre la base de dos sistemes diferents d'entrenament:

1. SENSE PAUSA DE RECUPERACIÓ

Es tractarà aleshores d'un **sistema continu**. L'exercici s'hi realitza d'una manera contínua, sense interrupció ni pauses. Els mètodes bàsics per millorar la resistència de manera contínua són:

- La **marxa**. És un mètode adient per a persones amb molt poca condició física o per a principiants.
- La **cursa contínua (fúting, *jogging*)**. Es tracta de córrer durant una bona estona sense aturar-nos. El més normal és mantenir un ritme moderat, per treballar de manera aeròbica. Si bé al principi era un mètode que s'emprava bàsicament en atletisme, avui en dia s'usa en l'entrenament de gairebé tots els esports.

La pràctica de la cursa contínua és, lògicament, un treball progressiu. Els primers dies correrem poca estona. Fins i tot pot ser que necessitis aturar-te i caminar una estona per descansar. Però segur que en poques sessions seràs capaç de córrer sense haver-te d'aturar i aguantaràs més temps sense cansar-te.

Cursa contínua.

- **Circuit natural**. Es tracta de realitzar un recorregut d'uns quants quilòmetres, ja sigui corrent o bé caminant, alhora que es van fent pauses per realitzar exercicis diversos. Aquestes pauses s'anomenen estacions. És probable que en la teva localitat hi hagi un d'aquests circuits. Si és així, les estacions estan degudament assenyalades, amb un dibuix de l'exercici i una indicació del nombre de repeticions.

Podem realitzar un circuit natural en parcs, boscs i altres espais similars per gaudir el temps de lleure. Si en el teu centre o a les rodalies n'hi ha algun, les possibilitats de combinar la carrera amb la realització d'exercicis de resistència són il·limitades. I el més divertit és recórrer-lo amb els amics o amb la família.

- **Fartlek**. Es tracta d'un mètode d'origen suec que consisteix a córrer distàncies diverses a ritmes també diversos, de manera que l'esportista es veu obligat a modificar la intensitat de l'esforç i la llargada de la passa. En el fartlek s'aprofita l'orografia del terreny (baixades, pujades, escales, pendents forts, etc.).

Fartlek

- **Aeròbic**. Aquest mètode es basa en la realització d'exercicis tot seguint el ritme d'una música. Es pot combinar amb coreografies diverses i el tipus de música també pot ser molt variat: pop, *funky*, salsa...

2. AMB PAUSES DE RECUPERACIÓ

Parlem aleshores d'un **sistema fraccionat**. En ell, l'exercici es divideix o fragmenta en parts diverses, separades per una pausa de recuperació. Aquest sistema permet treballar a una intensitat més elevada, ja que el temps d'esforç és més curt, i també descansar en les pauses de recuperació. Els mètodes bàsics per millorar la resistència de manera fraccionada són:

- Mètode de **repeticions** o **sèries**: es realitzen diverses repeticions d'un tipus de treball, respectant el temps marcat per a la recuperació. És el cas d'un nedador o un atleta que, per exemple, realitza repeticions d'una distància, amb una recuperació fixada prèviament.

- **Circuit d'exercicis**: es tracta de realitzar un circuit d'entre 8 i 12 exercicis. Cada exercici pot realitzar-se en base a un nombre determinat de repeticions o per temps, i s'estableix un període de recuperació entre exercicis. Segur que a la classe d'Educació Física en faràs alguna vegada. El teu professor t'indicarà quins exercicis cal fer, la duració, la recuperació entre un i altre...

- Cursa en **costes**: com indica el nom, es tracta de realitzar el treball de cursa en un pendent ascendent. Aquest mètode, a més de poder millorar la resistència aeròbica i anaeròbica, ajuda a millorar la força d'impuls de les extremitats inferiors. La recuperació es realitza mentre es torna al lloc de sortida.

3. ALTRES MÈTODES PER MILLORAR LA RESISTÈNCIA

Esquí de fons

- **Bicicleta**: tant per carretera com per muntanya, és una possibilitat divertida d'exercitar la nostra resistència.
- **Natació**: nedar amb un estil o bé variant-lo de tant en tant.
- **Excursionisme**: en totes les seves variants (senderisme, alpinisme...) és, sens dubte, un treball interessant de resistència que, a més, ens posa en contacte amb la natura.

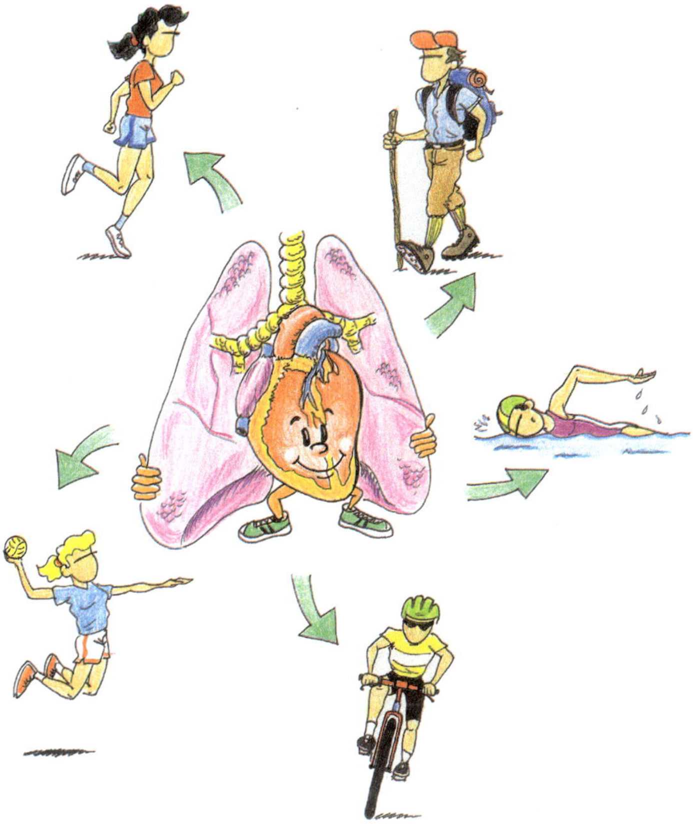

◆ **Altres esports**: l'esquí de fons, el bàsquet, el futbol, l'atletisme... també t'ajuden a millorar la resistència. .

Recorda que...

El treball en equip és fonamental en alguns esports de resistència. Pensa, per exemple, en les competicions ciclistes, en què tot l'equip se sacrifica en benefici d'un dels seus corredors; o els campionats de cros, en què es quantifica la posició obtinguda per tots els corredors per assignar el resultat per equips.

SABIES QUE...?

Pulsímetre

- En els llocs molt elevats respecte al nivell del mar, la concentració d'oxigen en l'aire és molt petita. Per això en aquests indrets la respiració resulta molt dificultosa i de seguida apareix el cansament. Precisament per aquesta raó, un dels entrenaments més habituals entre els corredors de distàncies llargues consisteix a romandre una temporada llarga entrenant en un indret elevat, fins a adaptar-se a la menor quantitat d'oxigen. Posteriorment, es baixa a competir al nivell del mar, on hi ha una concentració d'oxigen major. Així, degut a aquest oxigen sobrant, s'aconsegueixen resultats esplèndids.
- El gallec Iván Raña va ser el primer campió del món espanyol de triatló.
- Una gran quantitat d'esportistes usa pulsímetres per controlar l'activitat del cor. El pulsímetre, que se subjecta al pit amb una cinta, envia informació a un rellotge del nombre de pulsacions que l'esportista té en cada moment. D'aquesta manera, ell pot anar regulant el seu esforç.
- En la competició de cursa més llarga del món, la *"marathon des sables"* (marató de la sorra), els corredors consumeixen una mitjana de 9 litres d'aigua diaris.

5 LA FORÇA (II)

LA FORÇA (II)

- AIXÒ ÉS EL BÀSIC
  - Què és la força?
  - Els tipus de força
- LA FORÇA I L'APARELL LOCOMOTOR
- QUINS BENEFICIS ENS APORTA L'ENTRENAMENT DE LA FORÇA?
- COM MILLORAR LA FORÇA?
  - Criteris per al treball de la força
  - Mètodes d'entrenament de la força

Això és el bàsic...

QUÈ ÉS LA FORÇA?

La força és la qualitat física que ens permet vèncer una oposició mitjançant una acció muscular; així podem aixecar càrregues pesades, moure i arrossegar objectes, etc. També gràcies a la força muscular podem llançar qualsevol objecte, fer salts potents...
A més de ser una qualitat molt emprada en la nostra vida quotidiana, la força és bàsica en la pràctica de molts esports:

- En atletisme (salts, llançaments...).
- En l'aixecament de pesos.
- En la gimnàstica artística (anelles, paral·leles...).
- En els esports col·lectius (llançament a porteria).
- En el rugbi, en el rem, en el judo, etc.

Potència muscular

QUINS TIPUS DE FORÇA HI HA?

- La **força màxima**: en aquest tipus de força, l'oposició o càrrega que s'ha de vèncer és molt elevada, àdhuc la màxima possible. Per això s'anomena així. L'aixecador de pes n'és l'exemple més típic.
- La **força explosiva**: es tracta de desenvolupar una força per vèncer una oposició petita. A més, el moviment es realitza molt ràpid. És, per exemple, la que empra un llançador de javelina per enviar-la tan lluny com li sigui possible, o el jugador d'handbol per llançar una pilota. També s'anomena **potència**.
- La **força resistència**: es desenvolupa per vèncer una oposició de caràcter mitjà, que no és màxima (com en la força màxima), ni molt petita (com en el cas de la força explosiva). La característica fonamental en aquest tipus de força és que es realitza durant un temps prolongat. És la que empra un remer per vèncer, mentre dura la cursa, la resistència que ofereix l'aigua a l'avanç de l'embarcació. Altres exemples són l'escalada, el ciclisme o el judo.

Força resistència

QUINA RELACIÓ HI HA ENTRE LA FORÇA...

... I L'APARELL LOCOMOTOR?

La força es relaciona directament amb *l'aparell locomotor: ossos, músculs i articulacions.* Els encarregats de generar la força són els nostres músculs, els quals, gràcies a la capacitat que tenen de contraure's, mobilitzen els ossos en què es troben inserits.

Però la funció dels músculs no és únicament produir el moviment. També generen una tensió constant, que ens permet col·locar-nos en

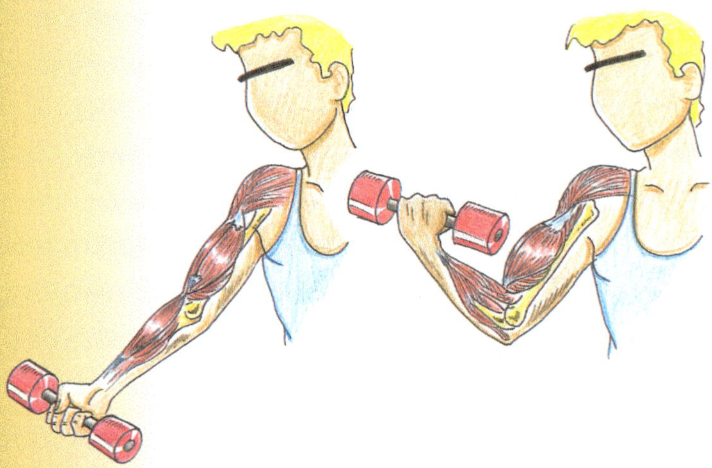

una postura: drets, asseguts, etc. Si, per exemple, aconseguim romandre drets, és perquè hi ha una sèrie de músculs (els extensors de les cames, els que mantenen l'esquena i el cap rectes...) la contracció dels quals ens permet adoptar la posició erecta.

Aquest estat de tensió constant del múscul s'anomena **to muscular**. El to muscular és involuntari (és un acte reflex) i contínuament ha de vèncer l'oposició que exerceix la força de la gravetat.

COM SÓN ELS NOSTRES MÚSCULS?

Els músculs tenen dues parts diferenciades:

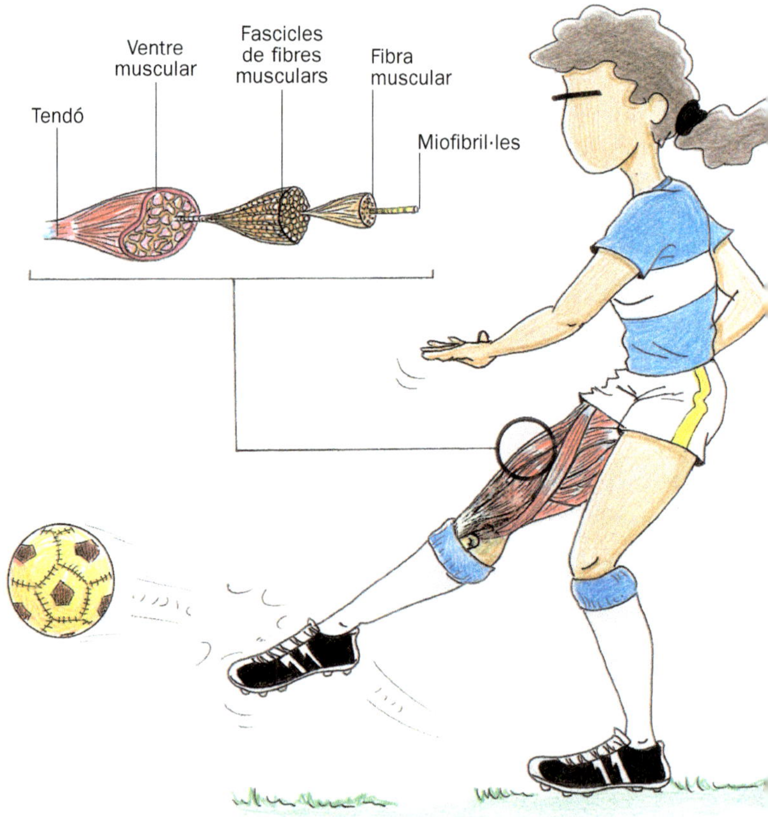

- Els **tendons**, mitjançant els quals s'insereixen en el sistema ossi.
- El **ventre muscular**, que és pròpiament la part del múscul que es contrau o s'estira. El múscul és format, en primer lloc, per **fascicles musculars**. En una imatge microscòpica podríem apreciar que són com paquets que contenen **fibres musculars** nombroses. Cadascuna d'aquestes fibres musculars és formada alhora per diminutes "unitats especialitzades" anomenades **miofibril·les**. Les miofibril·les són característiques perquè posseeixen unes bandes transversals que els confereixen un aspecte estriat. Per això anomenem *músculs estriats* els que s'encarreguen del moviment.

COM ES PRODUEIX UNA CONTRACCIÓ MUSCULAR?

A les fibres musculars hi arriben multitud de ramificacions nervioses. A través d'elles es transmeten els impulsos nerviosos, que van des del cervell, que ordena el moviment, fins a les fibres mateixes. Quan aquest impuls arriba, es produeix una transformació energètica: d'energia química (la que proporcionen els diversos nutrients) en energia mecànica (que proporciona el moviment).

Aquests impulsos provoquen la contracció del múscul i, així, disminueix la seva longitud. Quan aquest procés afecta totes les fibres musculars d'una manera majoritària, es produeix l'escurçament del múscul i, com a conseqüència, el moviment.

D'aquesta capacitat que tenen els músculs per escurçar-se, depèn la força muscular. Si disposem d'una musculatura potent, capaç de contraure's fins i tot davant d'una oposició elevada, vol dir que tenim molta força muscular. Si, davant d'una oposició moderada, la nostra musculatura és incapaç de contraure's, tindrem un nivell baix de força.

Recorda que...

Si en les sessions de força uses algun material, tingues-ne cura. Tracta'l de manera responsable i col·labora amb els altres a l'hora de treure'l i d'endreçar-lo.

QUINS BENEFICIS ENS APORTA L'ENTRENAMENT?

L'entrenament continuat de la força provoca alguns efectes en el nostre organisme. Aquests són els més importants:

- Augmenta la capacitat de contracció de les fibres musculars. La musculatura és capaç de vèncer oposicions cada vegada més grans.
- Augmenta el gruix de les fibres musculars i, en conseqüència, el volum muscular. Aquest fenomen s'anomena **hipertròfia muscular**.
- Augmenten el volum i la consistència dels tendons.
- Augmenten les reserves d'energia musculars.
- Contribueix al manteniment de la postura correcta.

COM PODEM MILLORAR LA FORÇA?

CRITERIS PER A L'ENTRENAMENT

Abans que res, has de saber que qualsevol entrenament de força ha de ser proposat i assessorat per un professional. A la teva edat, quan encara et trobes en un procés de desenvolupament corporal,

l'entrenament de la força s'ha de fer amb molt de compte: no es val entrenar-se un mateix i prou. Cal respectar una sèrie de criteris de repeticions, de recuperacions i, sobretot, de càrrega: cal evitar carregar pesos excessius. El teu professor o professora t'aconsellarà sobre tot el que convingui.

- **El pes** o **càrrega**: és el factor fonamental en el treball de la força. És la sobrecàrrega que hem de superar. Pot ser el pes propi, pilotes medicinals o sofisticades màquines de musculació.
- **Les repeticions**: cadascuna de les vegades que realitzem l'exercici.
- **Les sèries**: les repeticions s'agrupen en sèries o "tandes".
- **La recuperació**: és el temps de descans entre sèries.

	FORÇA MÀXIMA	FORÇA EXPLOSIVA	FORÇA RESISTÈNCIA
PES	Màxim	Mínim	Mitjà
REPETICIONS	Poques	Poques (però ràpides)	Moltes
RECUPERACIÓ	Llarga	Llarga	Curta

Esquat

Multisalts

Exercici per a la musculatura lumbar

Recorda que...

- Algunes maneres de millorar la força no són adequades per a la teva edat. Per tant, doncs, no has d'iniciar un entrenament si no és supervisat pel teu professor o entrenador.
- Després d'una sessió de força, uns estiraments suaus t'ajudaran a recuperar la musculatura.

MÈTODES D'ENTRENAMENT DE LA FORÇA

Els mètodes més emprats per a l'entrenament de la força són els següents:

- **Entrenament en circuit en el gimnàs**: es tracta de fer un circuit de 8 a 12 estacions i en cadascuna d'elles fer un exercici de força. Habitualment es fa per temps (per exemple de 30 a 45 segons en cada estació), amb una pausa de recuperació entremig. És un bon mètode per millorar la força resistència.

◆ **Sessió d'exercicis gimnàstics**: consisteix a realitzar nombrosos exercicis o jocs emprant el pes del cos propi o el d'una altra persona. Són sessions de 30 minuts a una hora de durada destinades a reforçar la musculatura de tot el cos.

Pilotes medicinals

◆ **Entrenament amb pesos i sobrecàrregues:**

- *Pilotes medicinals*: són pilotes llastades, de pesos diversos. Probablement ja les has fet servir alguna vegada a la classe d'Educació Física.
- *Manuelles, barres i discs*: es tracta d'artefactes que permeten treballar la força muscular mitjançant la càrrega de pesos.
- *Màquines de musculació:* avui en dia són molt emprades per entrenar la força pràcticament en tots els esports i també per persones que desitgen millorar llur condició física en general. També serveixen per als exercicis de recuperació de les lesions de l'aparell locomotor. Segur que n'hauràs vist en algun gimnàs.

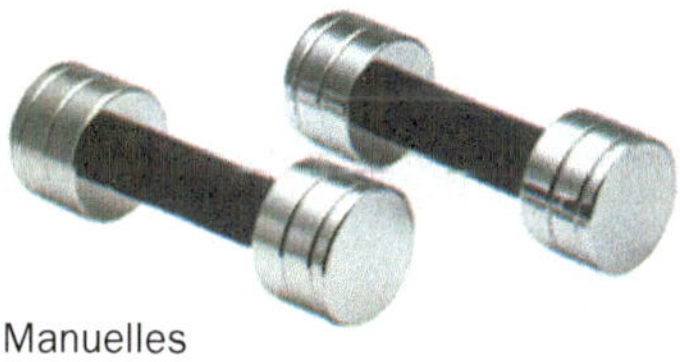

Manuelles

Barres i discs.

◆ **Multisalts, multillançaments...:** mètode per millorar bàsicament la força explosiva o potència.

PART ANTERIOR

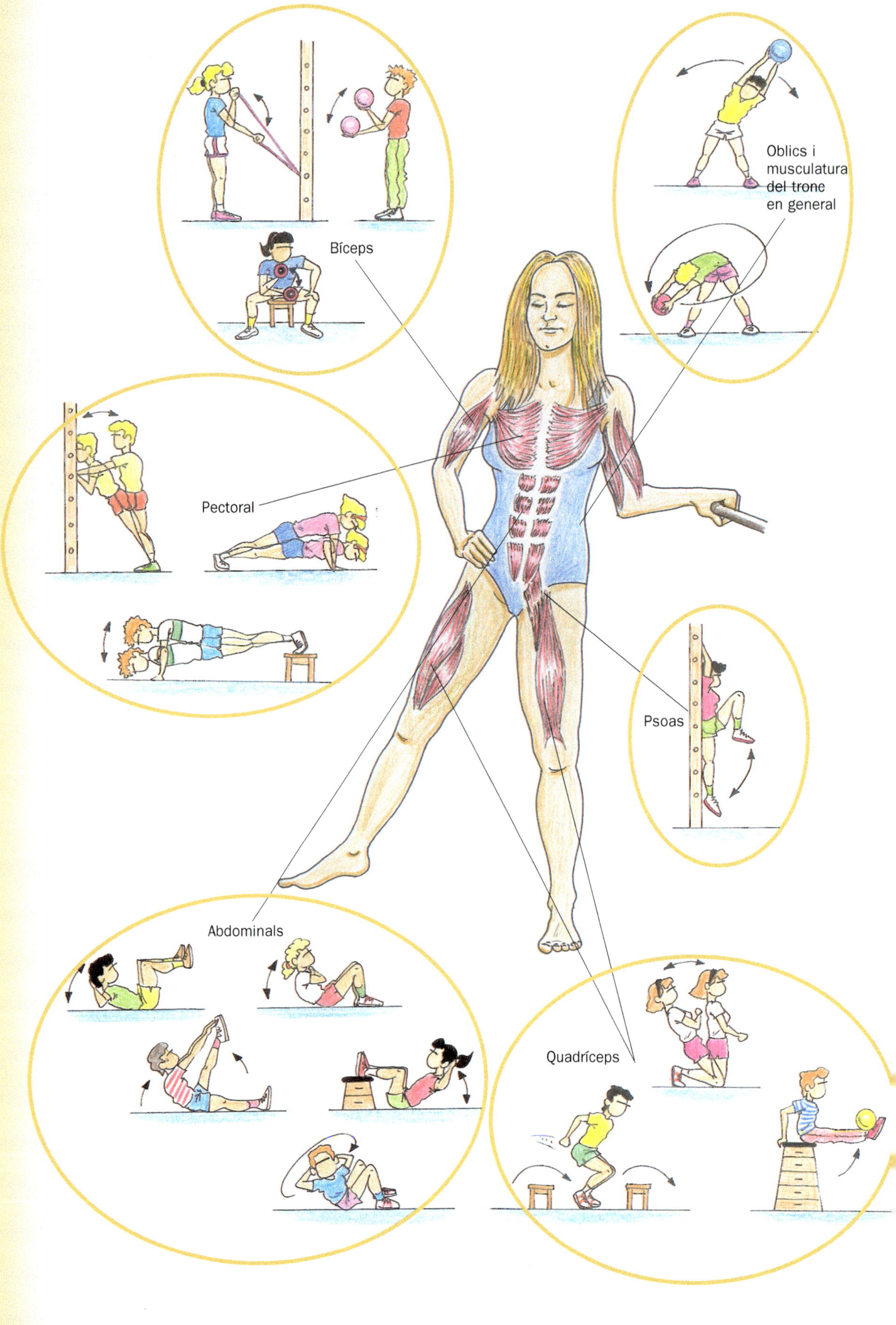

PART POSTERIOR

Consisteixen a fer salts seguits o tandes seguides de llançaments, tot practicat a velocitat elevada.

- **Altres mètodes**: hi ha altres mètodes, que podríem considerar "indirectes", per millorar la nostra força. Són aquells en què l'objectiu no és la millora d'aquesta qualitat, sinó un altre. Aquests en són alguns exemples:
  - *Bicicleta*: l'esforç de pedalar també suposa, a més d'un treball de resistència, un treball de força muscular... sobretot a les pujades!
  - *Altres esports:* jugar a futbol, handbol, practicar atletisme, natació... també ens ajuda a desenvolupar la força muscular.

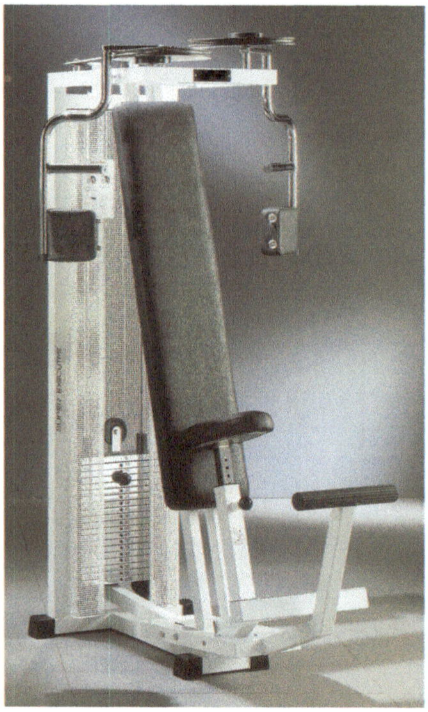

Màquina de musculació.

SABIES QUE...?

- Hi ha unes màquines modernes, anomenades "d'electroestimulació" que entrenen a base d'impulsos elèctrics. Es col·loquen uns elèctrodes en els extrems del múscul, es connecta la màquina i el múscul comença a contraure's i relaxar-se com a conseqüència de les descàrregues elèctriques que la màquina envia.
- Cada vegada més, els esportistes empren l'entrenament de força per millorar els resultats. I no només a base de màquines, pesos o manuelles. És habitual veure en els estadis d'atletisme, per exemple, atletes arrossegant rodes llastades, per oferir resistència a l'avanç, o corrent amb cinturons llastats.
- Hi ha diverses teories per explicar la diferència entre els nivells de força dels homes i de les dones. Una d'elles explica que durant la major part de la història, l'ésser humà ha viscut en les que s'han anomenat societats de "caçadors-recol·lectors". Una distribució rígida del treball feia que, mentre els homes caçaven, les dones recol·lectaven els fruits de la natura. Així, l'home es va especialitzar en moviments explosius de força i velocitat, i la dona, que recorria distàncies de fins a 50 km amb una càrrega a les espatlles, va desenvolupar una resistència major al cansament.

Màquina d'electroestimulació.

6

LA VELOCITAT (II)

LA VELOCITAT (II)

- AIXÒ ÉS EL BÀSIC
  - Què és la velocitat?
  - Els tipus de velocitat
- LA VELOCITAT I EL SISTEMA NEUROMUSCULAR
- QUINS BENEFICIS ENS APORTA L'ENTRENAMENT DE LA VELOCITAT?
- COM MILLORAR LA VELOCITAT?
  - Mètodes d'entrenament de la velocitat

Això és el bàsic...

QUÈ ÉS LA VELOCITAT?

La velocitat és la qualitat física que ens permet realitzar un moviment en el menor temps possible. Ens permet desplaçar-nos molt ràpidament, o bé moure molt ràpid una part del nostre cos (una mà, una cama...). A més, gràcies a la velocitat també podrem respondre a qualsevol estímul que rebem.

La velocitat és molt preuada per a la pràctica de la majoria dels esports:

- En l'atletisme.
- En els esports d'equip (contraatacs, moviments dels porters i altres gestos que cal realitzar amb gran rapidesa).
- En la natació de velocitat.
- En el tennis...

QUINS TIPUS DE VELOCITAT HI HA?

Velocitat de reacció.

- **La velocitat de reacció**: és la capacitat de respondre tan ràpid con sigui possible a un estímul. La necessita un corredor de velocitat per sortir molt ràpid quan sent el tret d'inici de la prova. També és molt necessària perquè un porter d'handbol o de futbol sigui capaç de llançar-se en centèsimes de segon cap al lloc exacte on es dirigeix la pilota.
- **La velocitat de desplaçament**: és la que permet desplaçar-se d'un indret a un altre, és a dir, recórrer una distància, en el menor temps possible. L'exemple més clar és el d'un corredor de velocitat, que ha d'arribar a la meta tan ràpid com sigui possible. També la necessita un extrem de futbol, per superar un jugador contrari, i molt altres esportistes.
- **La velocitat gestual**: és la qualitat que ens permet realitzar un gest en el menor temps possible. En aquest cas no es tracta d'un desplaçament d'un indret a un altre, sinó només d'aconseguir moure una part del cos tan ràpid com sigui possible. Alguns exemples: un esgrimidor, que mou el braç amb què maneja el floret a una velocitat impressionant; o el jugador de tennis taula, que colpeja la pilota una vegada i una altra realitzant gestos rapidíssims amb el braç amb què sosté la pala.

Velocitat gestual.

QUINA RELACIÓ HI HA ENTRE LA VELOCITAT...

... i EL SISTEMA NEUROMUSCULAR?

La velocitat és una qualitat física que es relaciona bàsicament amb el **sistema muscular** i el **sistema nerviós**.

El sistema nerviós crea les ordres en el cervell i les propaga en forma d'**impulsos nerviosos**. Aquests es transmeten a través de les **neurones**, que es connecten entre si com si es tractés d'una cadena.

D'aquesta manera, les ordres creades pel cervell arriben fins a les fibres musculars, les activen i provoquen llur contracció i, en conseqüència, el moviment.

QUIN ÉS EL RECORREGUT DE L'IMPULS NERVIÓS?

En un moviment voluntari és el següent:

1. El **cervell** crea l'ordre de realitzar un moviment.
2. L'ordre passa, en forma d'impuls nerviós, cap al **cerebel** (encarregat de la coordinació del moviment).
3. Posteriorment es dirigeix cap al **tronc de l'encèfal**, per continuar baixant a través de les neurones de la **medul·la espinal**, que s'allotja a l'interior de la columna vertebral, completament protegida.

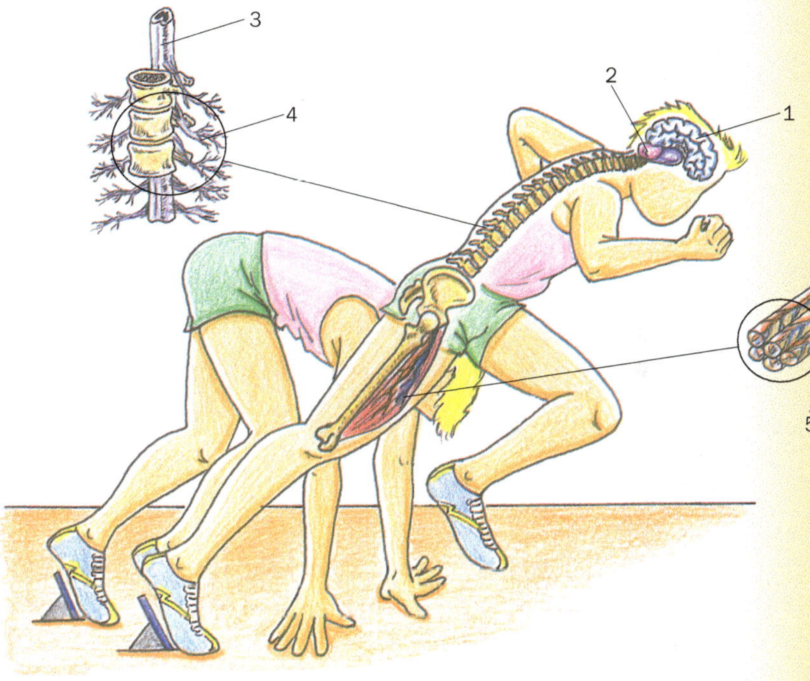

4. Després, l'impuls nerviós passa als **nervis raquidis**, que s'encarreguen de la transmissió dels impulsos nerviosos des de la medul·la espinal fins a les diverses zones del nostre organisme. Aquests nervis raquidis surten per entremig de les vèrtebres que, com ja saps, formen la columna vertebral.
5. Els nervis també es ramifiquen per poder arribar a "innervar" totes les **fibres musculars**. Aquí es produeix el fenomen de la contracció muscular. L'ordre creada en el cervell... ha hagut de fer un llarg viatge per arribar fins al múscul!

DE QUÈ DEPÈN LA VELOCITAT?

EL FACTOR NERVIÓS

- La velocitat es veurà influïda per la rapidesa amb què els impulsos nerviosos realitzen tot el trajecte, des del cervell fins arribar a les fibres musculars. Com més ràpida sigui la conducció nerviosa, més ràpids podran ser els moviments.

- Una bona coordinació dels moviments i un aprenentatge correcte de la tècnica esportiva afavoriran la realització de l'exercici. D'això se n'encarrega, com ja t'hem dit abans, el cerebel.

EL FACTOR MUSCULAR

- La nostra musculatura té bàsicament dos tipus de fibres musculars: ràpides i lentes. Cadascú de nosaltres té una proporció diferent d'unes i altres. Les persones amb més fibres ràpides són, en general, més ràpides i explosives. Per contra, les que tenen major quantitat de fibres lentes són, en general, més resistents.
- La força explosiva (potència), que ja coneixes del tema anterior. Les persones amb molta força explosiva també són, generalment, molt ràpides.

QUINS BENEFICIS ENS APORTA L'ENTRENAMENT?

L'entrenament de la velocitat provoca una sèrie de canvis en el nostre organisme. Després d'un temps suficient de pràctica, i després de nombrosos entrenaments, podrem aconseguir els efectes següents:

- El sistema nerviós transmet l'ordre de contracció (impuls nerviós) als músculs molt més ràpid i aquests, en conseqüència, poden contraure's d'una manera més veloç.
- En realitzar esforços de potència (força a velocitat màxima), provoca una *hipertròfia muscular* (augment del volum de la musculatura emprada).
- Augmenten les reserves d'energia pròpies d'esforços curts i ràpids.

COM PODEM MILLORAR LA VELOCITAT?

Els mètodes més emprats per al entrenament de velocitat són els següents:

- **Curses curtes i repetides**: és el mètode més clàssic per millorar la *velocitat de desplaçament*. Consisteix en la realització de diverses repeticions sobre una distància curta (entre 30 i 80 m), que s'ha de recórrer a la màxima velocitat possible. El descans després de cada repetició ha de ser suficient per poder afrontar al màxim la repetició següent.

◆ **Reaccionar a estímuls diversos**: mètode per millorar la velocitat de reacció. Consisteix a sortir tan ràpid com sigui possible des de posicions diverses i recórrer una distància curta. L'estímul per a assenyalar la sortida pot ser sonor (la veu del professor), visual (un senyal), tàctil (un contacte). Les posicions de sortida poden ser dret, assegut, estirat...

◆ **Multisalts**: ja n'hem parlat en el tema anterior. Són salts que es realitzen seguits, a una velocitat molt elevada. Ajuden a millorar bàsicament la velocitat de desplaçament.

◆ **Mètode de treball amb sobrecàrregues**: amb una oposició moderada, es tracta de recórrer una distància vencent l'oposició que ens ofereix la sobrecàrrega. Aquesta oposició es pot fer amb gomes elàstiques, amb objectes per arrossegar... Serveix per millorar la velocitat de desplaçament.

◆ **Jocs de cursa**: te'ls vam presentar en el primer cicle. Recorda que hi ha uns jocs, anomenats de cursa, la pràctica dels quals ens ajuda a millorar la nostra velocitat (fonamentalment de desplaçament).

◆ **Millorar la coordinació de moviments**: això és, perfeccionar l'execució de les diverses accions tècniques de l'esport. Si ho aconsegueixes, segur que els realitzaràs més ràpid.

SABIES QUE...?

- En els indrets molt elevats respecte al nivell del mar, la pressió de l'aire és menor. Per això, molts dels rècords en proves de velocitat s'obtenen en pistes situades a 2.000 metres o més.
- Precisament aquesta va ser una de les raons que van fer que en els mítics Jocs Olímpics de Mèxic, el 1968, se superessin els rècords del món de 100 m, 200 m, 400 m i de salt de llargada.
- Amb uns patins de rodes en línia, s'ha arribat a assolir la velocitat de 60 quilòmetres per hora. Per arribar-hi, un expert necessita només de 10 a 12 metres.
- Alguns nedadors de proves de velocitat, per incrementar la velocitat de desplaçament a l'aigua, usen els banyadors anomenats "*fast-skin*". Cobreixen completament la totalitat del cos del nedador i són confeccionats amb un teixit que imita la pell dels taurons, que redueix la resistència a l'aigua.

Bob Beamon a Mèxic-68.

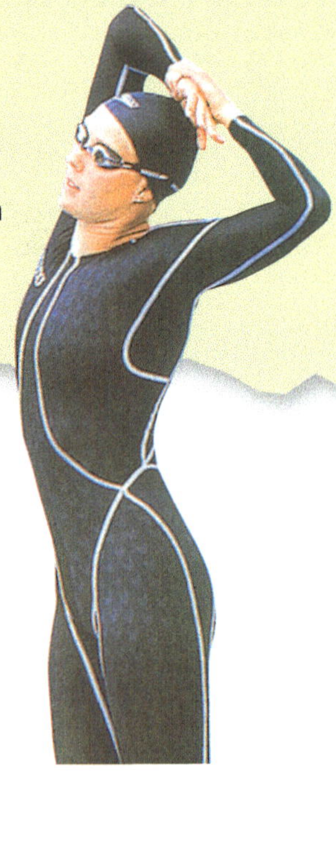

Recorda que...

- En l'entrenament de la velocitat, que s'executa a intensitat màxima, has de realitzar un escalfament a consciència.
- Has de respectar tots els teus companys i companyes, encara que no siguin tan ràpids com tu. Intenta ajudar-los a millorar.
- Algunes classes de velocitat poden ser molt divertides. Gaudeix-les!

LA FLEXIBILITAT (II)

7

LA FLEXIBILITAT (II)

- AIXÒ ÉS EL BÀSIC
  - Què és la flexibilitat?
  - Els tipus de flexibilitat
- LA FLEXIBILITAT I L'APARELL LOCOMOTOR
- QUINS BENEFICIS ENS APORTA L'ENTRENAMENT DE LA FLEXIBILITAT?
- COM MILLORAR LA FLEXIBILITAT?
  - Mètodes d'entrenament de la flexibilitat

Això és el bàsic...

QUÈ ÉS LA FLEXIBILITAT?

La flexibilitat és la qualitat física que ens permet realitzar moviments de gran amplitud amb alguna part del nostre cos. La majoria d'aquests moviments els podem trobar en el terreny esportiu, però també en algunes accions de la vida diària.

Aquests són alguns exemples d'esportistes que usen la flexibilitat:

- Un gimnasta, per aconseguir les seves postures inversemblants.
- Un corredor de tanques, per superar l'obstacle amb el mínim esforç possible.
- En general, qualsevol esportista per realitzar qualsevol moviment forçat.

En la nostra vida diària també és important mantenir un nivell alt de flexibilitat. D'aquesta manera, realitzarem els nostres moviments habituals amb major facilitat.
A més, si posseïm una bona flexibilitat, la nostra musculatura i articulacions es trobaran més protegides davant possibles lesions derivades, precisament, d'aquesta limitació del moviment.

DE QUÈ DEPÈN LA FLEXIBILITAT?

Depèn bàsicament de dues coses:

- De la capacitat d'estirament de la musculatura.
- De la capacitat de moviment que tinguin les articulacions.

QUINS TIPUS DE FLEXIBILITAT HI HA?

En funció de la manera de treballar-la, aquesta qualitat física pot ser:

- **Flexibilitat dinàmica**: practiquem flexibilitat dinàmica quan l'exercici es realitza en moviment. Recorda que han de ser moviments amplis i relaxats, mai bruscos.
- **Flexibilitat estàtica**: en aquest cas, es tracta de mantenir una posició d'estirament passiva, sense moviment. Després d'adoptar la posició d'estirament, hem de relaxar-nos, respirar tranquil·lament i mantenir la posició uns instants.

QUINA RELACIÓ HI HA ENTRE LA FLEXIBILITAT...

... I L'APARELL LOCOMOTOR?

La flexibilitat, de la mateixa manera que la força muscular, es fonamenta en l'aparell locomotor. Els seus components són, d'una banda, les articulacions i els ossos, i d'altra banda, els músculs. Fem-ne un repàs:

LES ARTICULACIONS

Tenen la funció d'unir els ossos. Dels tres tipus d'articulacions que tenim (fixes, semimòbils i mòbils), ens interessen fonamentalment les que permeten el moviment, és a dir, les mòbils i les semimòbils.

QUINS ELEMENTS COMPONEN UNA ARTICULACIÓ?

- **Les superfícies articulars dels ossos**: són les zones de contacte entre els ossos que formen l'articulació. Són recobertes per un **cartílag articular** de protecció, que evita el frec directe dels ossos i permet que llisquin amb més facilitat.

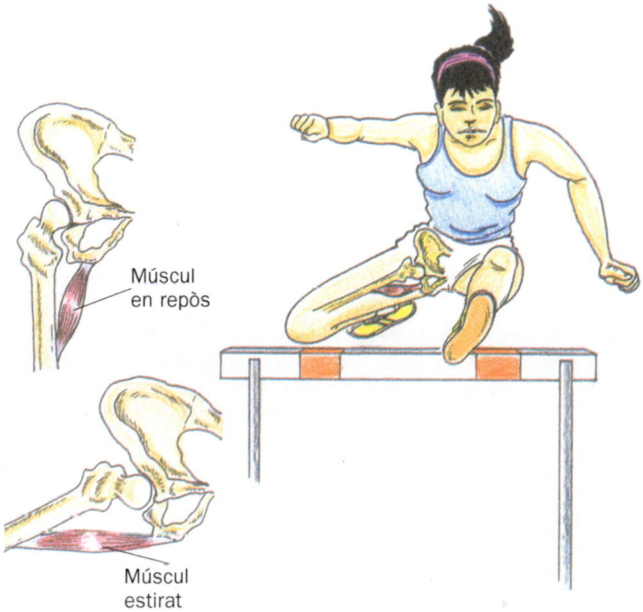

- **La càpsula articular**: és un embolcall fibrós, similar a una tela, que cobreix i tanca tota l'articulació. Té la missió de subjectar l'articulació i tancar-la hermèticament per mantenir en el seu interior el **líquid sinovial**. Aquest líquid, que "banya" l'interior de la càpsula, té una funció bàsica: lubrificar les superfícies articulars per evitar que freguin entre si i proporcionar nutrients als cartílags articulars per a la seva conservació.

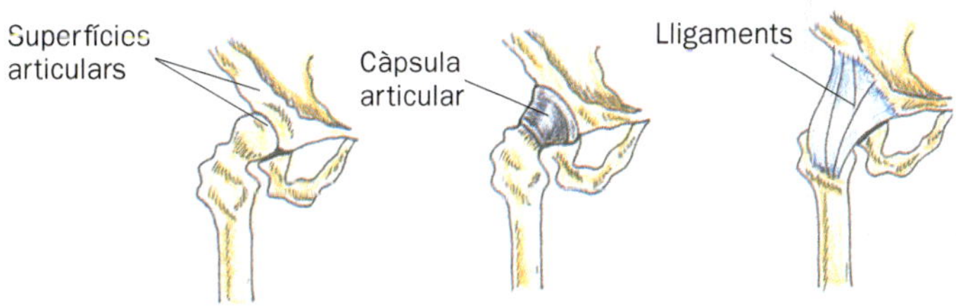

- **Els lligaments**: són fibres molt fortes i resistents disposades en forma de feixos o de cintes, la missió de les quals és unir els ossos de l'articulació i proporcionar-li consistència. Hi ha lligaments per fora i per dins de la càpsula articular.

ELS MÚSCULS

Són la part activa de l'articulació. Tenen dues funcions bàsiques:

- Proporcionar el moviment mitjançant la contracció de les fibres musculars.

▌ Mantenir estable l'articulació. Una articulació no es manté fixa únicament per l'acció de la càpsula i els lligaments. Tot envoltant-la trobem un entramat complex de músculs que ajuden a mantenir-la estable i la protegeixen. Per aquesta raó, els tendons d'aquests músculs reben el nom de "lligaments actius".

DE QUÈ DEPÈN LA FLEXIBILITAT?

Que una persona sigui més o menys flexible depèn de:

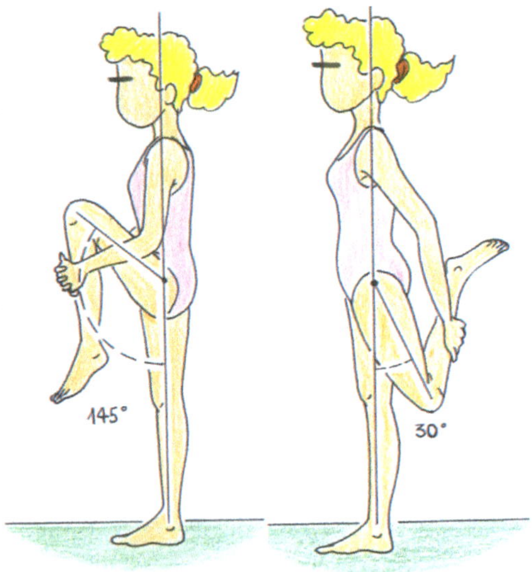

◆ **La mobilitat de l'articulació**. Cada articulació té una mobilitat diferent, que depèn de la disposició de tots els seus components: els ossos que uneix, la càpsula, els lligaments, els tendons dels músculs que actuen damunt seu, etc. Tot plegat defineix la "mobilitat articular" pròpia de cada articulació. Totes tenen un límit diferent. Un exemple t'ajudarà a entendre-ho millor: les persones podem pujar la cama flexionada pel davant fins a uns 145° aproximadament, però pel darrere, gairebé no podem passar dels 30°.

◆ **La capacitat de relaxació i d'estirament muscular**. La flexibilitat també queda determinada per la capacitat d'estirament dels músculs que actuen sobre l'articulació. Aquesta capacitat és molt diferent en unes persones o altres. N'hi ha que posseeixen músculs molt "elongables" (flexibles). Altres, per contra, tenen una musculatura tensa o més contreta (menys flexibles).

QUINS BENEFICIS APORTA

Múscul flexible

Múscul poc flexible

L'ENTRENAMENT?

El treball continuat i ben planificat de la flexibilitat té un efecte doble en el nostre organisme:

- S'incrementa el recorregut de l'articulació. Això és possible gràcies a que els lligaments i la càpsula articular que protegeixen i estabilitzen l'articulació es tornen més extensibles.
- Augmenta la capacitat d'elongació dels músculs i es redueix, així, la possibilitat de lesionar-se.
- Endarrereix els efectes de l'envelliment de les articulacions. La flexibilitat és l'única qualitat física involutiva, és a dir, que disminueix amb l'edat. Per això algunes persones que perden molt aviat la flexibilitat poden patir malalties articulars i musculars.
- Ajuda a alleujar les tensions, a combatre l'estrès, a relaxar-nos...

COM PODEM MILLORAR LA FLEXIBILITAT?

ALGUNES CONSIDERACIONS PRÈVIES

- Abans de qualsevol entrenament de flexibilitat has de realitzar un escalfament correcte.
- Has de treballar la flexibilitat d'una manera relaxada, respirant d'una manera rítmica i profunda.
- El treball de flexibilitat pretén allargar el límit del moviment de l'articulació. Des de la posició d'estirament no forçat, has d'intentar allargar aquest límit molt a poc a poc.
- En el treball de flexibilitat per parelles, has d'anar molt en compte amb la pressió que realitzis sobre el teu company o companya. Si realitzes l'ajuda d'una manera massa brusca, pots causar-li una lesió.
- En l'entrenament de flexibilitat, has d'evitar provocar dolor. D'aquesta manera evitaràs l'efecte contrari de contracció muscular, que tendiria a escurçar la musculatura.

Recorda que...

No tothom té els mateixos nivells de flexibilitat. Les diferències entre les persones poden ser importants. Per això, la teva referència per millorar no han de ser els altres companys, sinó les marques pròpies que vagis aconseguint.

ALGUNS MÈTODES PER MILLORAR LA FLEXIBILITAT

- El **mètode dinàmic**. Es tracta de realitzar exercicis en moviment. L'objectiu és augmentar, de manera gradual, la mobilitat de l'articulació. Es poden fer rebots, balanceigs... Cal anar en compte en aquest mètode perquè, si es fa massa bruscament, pot arribar a causar lesions musculars.

Estirament estàtic

- Els **estiraments estàtics**. Es tracta d'adoptar posicions d'estirament diverses i mantenir-les durant uns segons (entre 15 i 25 segons). No es realitzen rebots ni cap altre moviment, sinó que, com indica el seu nom, cal aguantar la posició de manera estàtica.

- Els **estiraments passius forçats**. En aquest mètode aconseguim la posició d'estirament gràcies a l'ajuda d'una força externa. El més habitual és que es tracti d'un company que ens ajuda a fer l'estirament i a mantenir-nos en la posició assolida. També es tracta d'un mètode estàtic, és a dir, sense moviment.

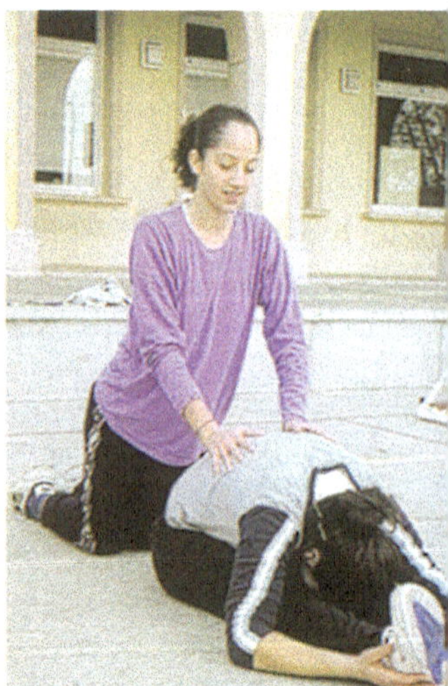

Recorda que...

Per treballar la flexibilitat, cal cercar un entorn tranquil. Un ambient relaxat, combinat amb una respiració pausada i prolongada, t'ajudarà a millorar-la.

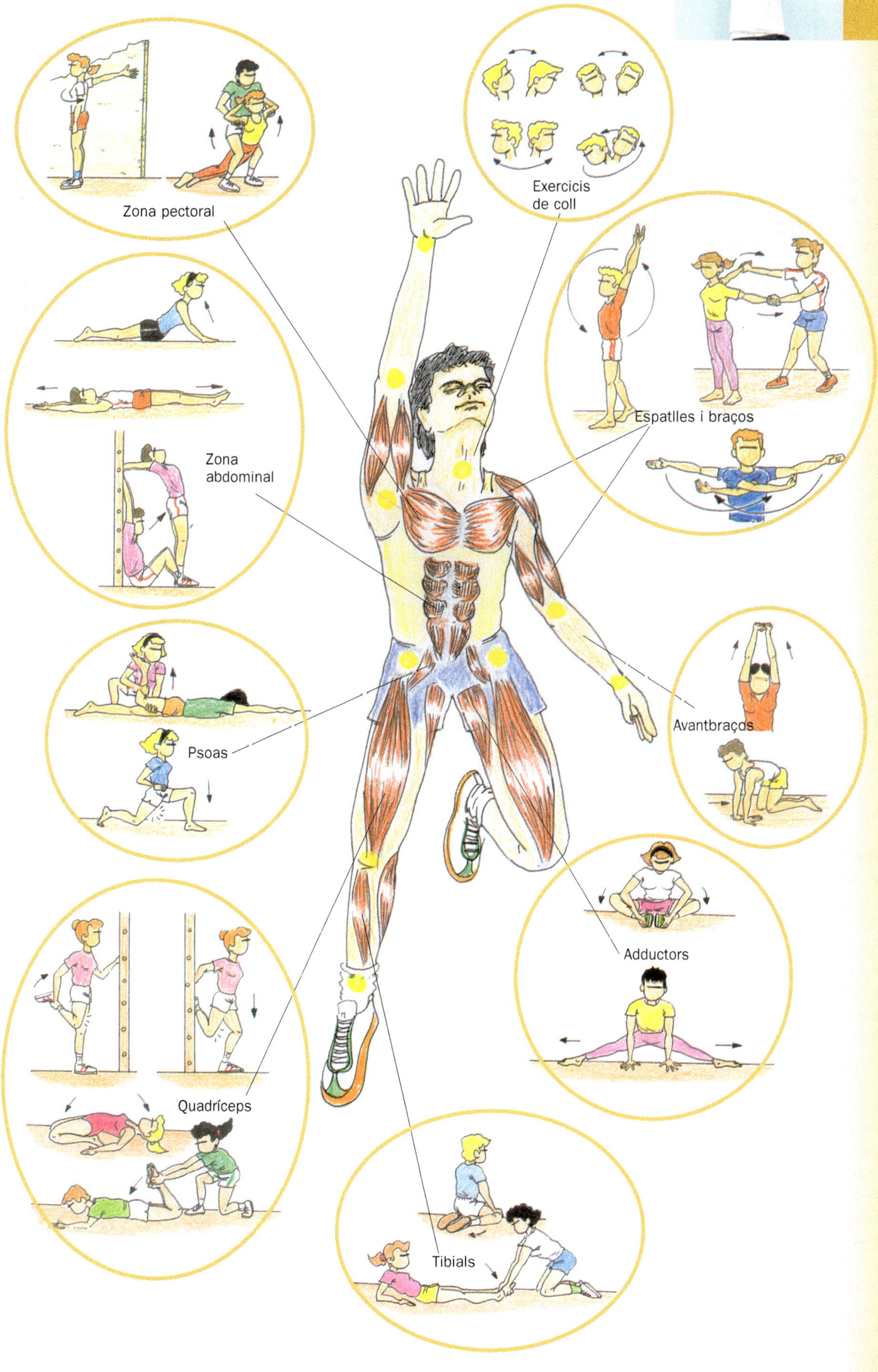
Zona pectoral
Exercicis de coll
Espatlles i braços
Zona abdominal
Avantbraços
Psoas
Adductors
Quadríceps
Tibials

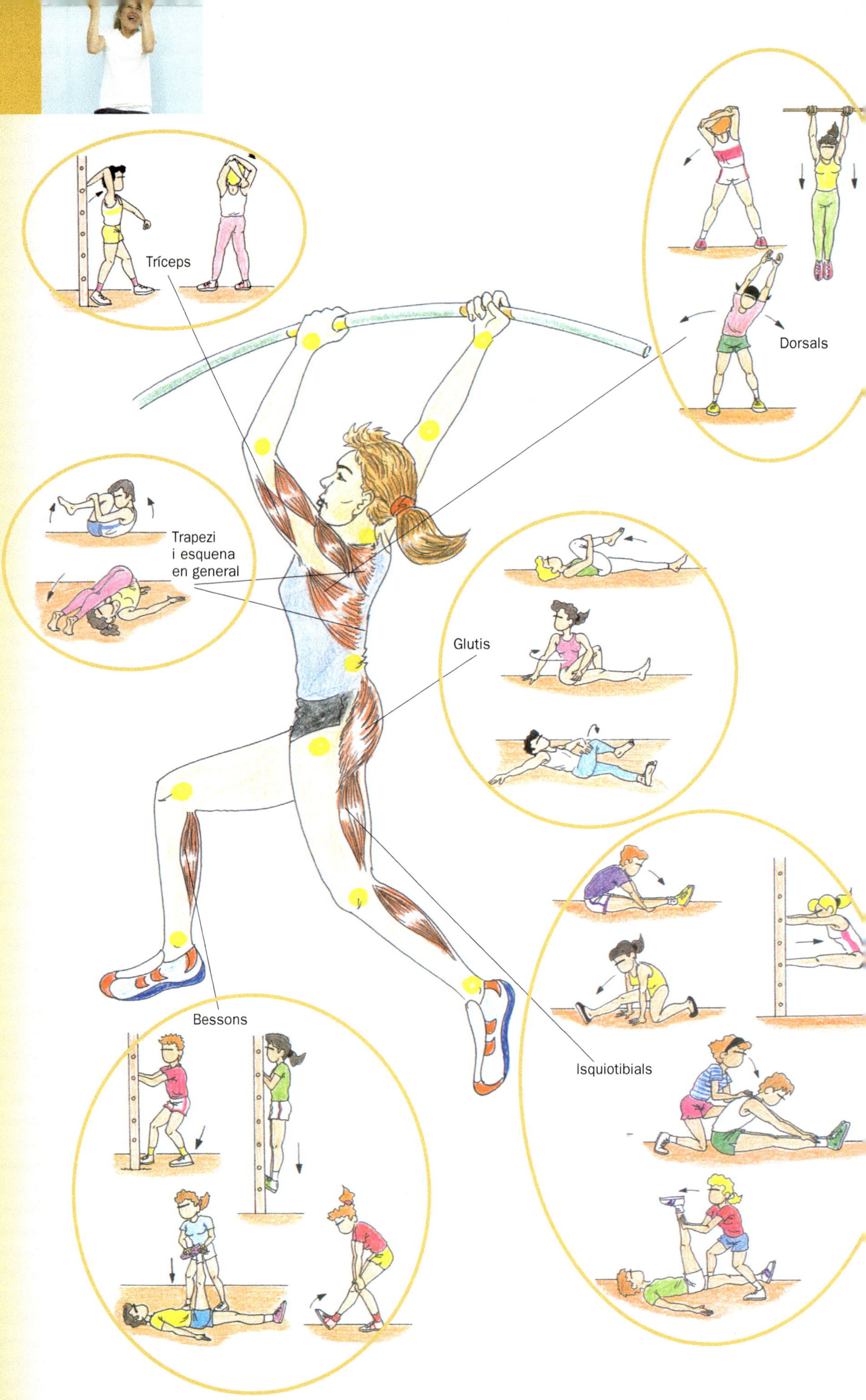
Tríceps
Dorsals
Trapezi
i esquena
en general
Glutis
Isquiotibials
Bessons

SABIES QUE...?

- La flexibilitat és una qualitat involutiva. Això vol dir que som més flexibles en la infància, quan el nostre sistema locomotor és en procés de formació. Amb el temps, a mesura que aquest es va formant, és quan l'anem perdent.
- Per practicar flexibilitat, és necessari realitzar un escalfament molt curós. Alguns estudis diuen que els nivells de flexibilitat després de l'escalfament milloren entre un 15 i un 20%.
- El cansament perjudica els nivells de flexibilitat. Si estàs cansat, no l'has de practicar de manera intensiva, ja que podries patir alguna lesió. Has de fer estiraments molt suaument.
- Les dones són més flexibles que els homes. Això és degut a que posseeixen unes estructures articulars més favorables per als moviments de flexibilitat i una capacitat d'elongació muscular sensiblement major.
- El fred és el pitjor enemic de la nostra musculatura. Els dies més freds tenim uns nivells inferiors de flexibilitat, mentre que els dies calorosos som capaços "d'estirar-nos" més.
- Les primeres hores del dia no són el moment més favorable per al treball de flexibilitat. Podríem dir que la nostra musculatura es va "desvetllant" de mica en mica. Aproximadament al cap de tres hores d'haver-nos llevat, ja és en condicions òptimes.

Recorda que...

Com ja et vam dir en el primer cicle, has de treballar la flexibilitat amb seriositat. En el treball per parelles, has d'evitar la típica broma de forçar el company perquè es queixi, perquè pots provocar-li una lesió.

ATLES VISUAL:
les "altres qualitats"

LA COORDINACIÓ:

Qualitat que ens permet realitzar un moviment de manera correcta i precisa. Gràcies a l'acció conjunta del sistema nerviós i el sistema muscular, podem fer coses com aquestes:

L'EQUILIBRI:

Qualitat que ens permet mantenir una posició estàtica o en moviment.

Amb l'equilibri podem fer coses com aquestes:

L'AGILITAT:

És la qualitat que fa que poguem fer moviments combinats, amb canvis de direcció i de sentit constants, de la manera més ràpida i precisa, com en aquest exemple:

Com ja et vam exposar en el primer cicle, des de sempre l'ésser humà ha sentit la necessitat de jugar, de competir amb els altres.

La cerca constant de nous reptes, l'esperit d'autosuperació, la necessitat de col·laborar amb els companys per aconseguir un objectiu són aspectes que han format part de la pròpia vida de la humanitat. I l'esport no ha escapat a aquest desig. Al contrari, els jocs, els esports, etc., han estat la manera que les persones han ideat per portar-lo a terme.

Dels esports tu ja en coneixes moltes coses. Les vas aprendre en cursos anteriors. En coneixes les regles, algunes de les tècniques més importants, la manera d'organitzar-se per jugar en equip...

En aquest bloc de temes que trobaràs a continuació, podràs aprofundir en aquells que ja coneixes i aprendre'n aspectes nous. A més, en descobriràs de nous i altres possibilitats alternatives per jugar.

Llegeix amb atenció els temes pròxims i intenta aplicar el que hi trobaràs. Aquesta serà la millor garantia per poder-los gaudir en tota llur plenitud.

UNITAT 2

JOCS I ESPORTS

8

L'ATLETISME (II)

L'ATLETISME (II)

- AIXÒ ÉS EL BÀSIC
  - On es practica?
  - Les modalitats
- LA TÈCNICA DE CURSA
- EL SALT D'ALÇADA
- EL LLANÇAMENT DE DISC

Això és el bàsic...

ON ES PRACTICA?

L'atletisme pot practicar-se en espais diversos: en un estadi a l'aire lliure, en una pista coberta, camp a través o *cross country*, les curses de muntanya i, finalment, en qualsevol cursa popular.

QUINES MODALITATS PRESENTA?

Les proves que constitueixen el programa d'atletisme en pista són de tres tipus:

Curses
Velocitat: 100 m, 200 m i 400 m.
Mig fons: 800 m i 1.500 m.
Fons: 3.000 m (femení), 5.000 m i 10.000 i la marató.
Cursa de tanques: 110 m tanques (masculí), 100 m tanques (femení) i els 400 m tanques.
Cursa d'obstacles: 3.000 m obstacles.
Cursa de relleus: 4x100 m i 4x400 m.
Marxa atlètica: 10 km (femení) i 20 km i 50 km (masculí).

Concursos
Salts: de llargada, d'alçada, triple salt i de perxa.
Llançaments: de pes, de disc, de martell i de javelina.

Proves combinades
Decatló (masculí): 100 m, 400 m, 1.500 m, 110 m tanques, llargada, alçada, perxa, pes, disc i javelina.
Heptatló (femení): 200 m, 800 m, 100 m tanques, llargada, alçada, javelina i pes.

MILLOREM LA TÈCNICA DE CURSA

Córrer és un moviment natural de la persona. Però "córrer bé", amb estil, ja és propi d'atletes que han entrenat durant molt de temps la "tècnica de cursa". Amb els exercicis que et proposi el professor, juntament amb la descripció que t'oferim a continuació, obtindràs avenços importants en la teva manera de córrer.

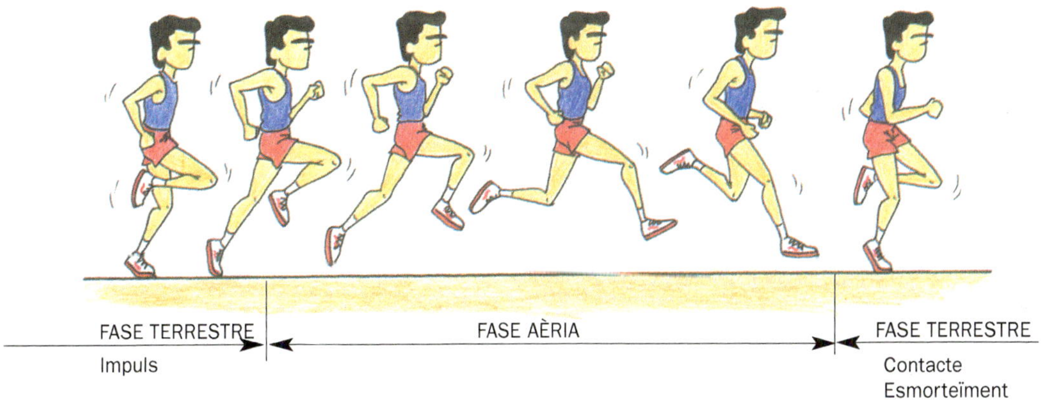

EL CAP

- No corris mirant a terra. Aixeca el cap i mira uns 20 metres cap endavant.
- Intenta relaxar la musculatura de la cara i del coll. Les tensions i gestos de la cara no et faran avançar més. Tot el contrari, et restaran eficàcia i energia.

SÍ NO

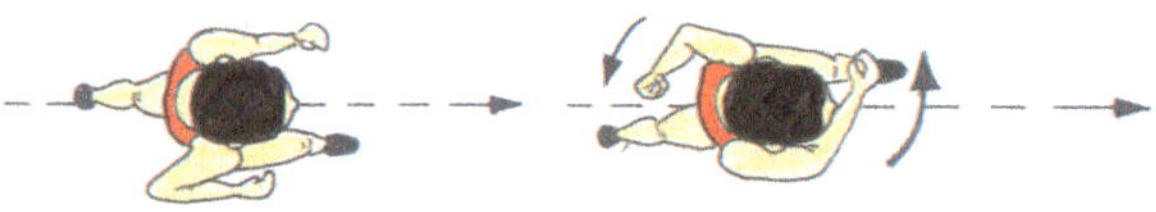

SÍ NO

LES ESPATLLES I ELS BRAÇOS

- Tingues les espatlles relaxades i no facis girs innecessaris.
- Flexiona els braços formant més o menys un angle recte. Mou-los d'una manera relaxada i seguint el compàs de les cames de manera alternativa. Llur recorregut ha de ser paral·lel a la línia de cursa i no has de creuar-los per davant del pit.

EL TRONC

- Per regla general, no ha d'estar recte (vertical), sinó que has d'inclinar-lo lleugerament. En les curses de velocitat, per descomptat, el tronc encara ha d'estar més inclinat.
- Evita els girs i moviments exagerats amb el tronc, perquè frenen la cursa.

ELS RECOLZAMENTS (ELS PEUS)

- Recolza els peus a terra de manera que vagin paral·lels a la *línia de cursa.*

SÍ

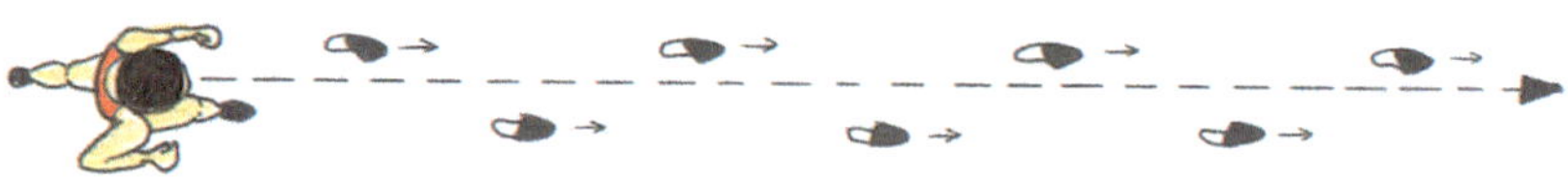

NO

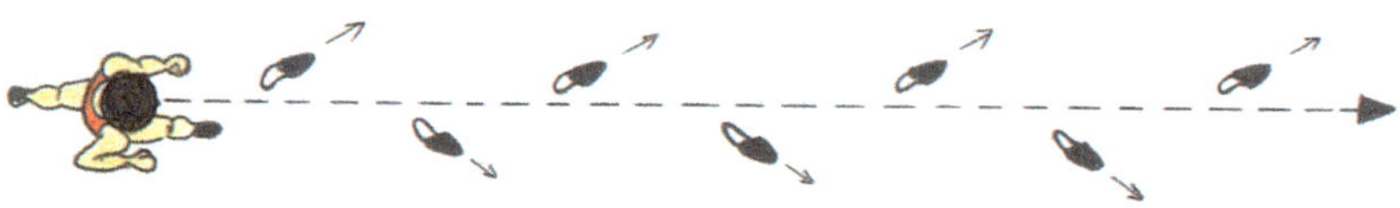

TRAJECTÒRIA DEL COS (DEL CENTRE DE GRAVETAT)

- Evita córrer fent salts i enfonsant-te quan recolzis el peu a terra. Tingues en compte que la trajectòria del cos en un atleta d'elit només oscil·la uns 8-10 cm; en canvi en un principiant, per manca de tècnica i de força muscular, puja i baixa "veritables muntanyes".
- Vista des de dalt, la trajectòria de l'atleta ha de ser en línia recta; cal evitar córrer fent corbes... i, per tant, fent més metres!

SÍ

NO

LA PASSA

La diferència entre caminar i córrer rau en que quan camines sempre ets en contacte a terra, almenys amb un peu; en la cursa, en canvi, hi ha un instant en que cap peu no toca a terra. Podríem dir que és com un "vol", si bé quan parlem en termes de tècnica de cursa ho anomenem **fase aèria**. D'altra banda, el moment del contacte a terra l'anomenem **fase terrestre**. Examinem-ho amb més deteniment:

FASE AÈRIA

En aquesta fase l'atleta no té cap punt de recolzament a terra. La fase aèria en les curses de velocitat és major que en les de distància llarga, a causa del fort impuls que realitzen els atletes.

FASE TERRESTRE

Fase en que existeix un punt de recolzament a terra. Hi distingim parts diferents:

◆ **L'impuls**: la cama que recolza a terra realitza un treball de força explosiva per impulsar tot el cos de l'atleta cap endavant.

- El maluc, el genoll i el turmell de la cama d'impuls han de quedar completament estirats.
- El genoll de la cama lliure puja cap amunt.

◆ **El contacte-esmorteïment a terra**: es realitza després de la fase aèria, quan l'atleta toca de nou a terra. És una fase "negativa", perquè frena una mica el corredor.

- Per evitar que sigui massa "negativa" i que "t'enfonsis" cap avall, intenta, abans de tocar a terra, baixar la cama amb força i amb gran energia. Com si volguessis "fer una esgarrapada" a terra!
- L'altra cama, o cama lliure, puja-la flexionada cap amunt, fins a situar el taló sota mateix de la natja. De fet, després d'un bon impuls, la cama puja doblegada per inèrcia.

SÍ **NO**

AMPLITUD I FREQÜÈNCIA DE LA PASSA

La velocitat assolida per un corredor dependrà de l'**amplitud** (longitud de la passa) i de la **freqüència** (nombre de passes per distància recorreguda) de la passa. Cadascú ha de trobar els valors òptims per a cadascun d'aquests paràmetres per evitar:

- Córrer fent salts a causa d'una amplitud exagerada.
- Moure les cames molt ràpidament... però sense avançar gairebé gens. Aquest seria el cas de mantenir una freqüència molt alta que impedís desenvolupar una amplitud correcta.

Recorda que...

No et dediquis només a una prova, encara que sigui la teva predilecta. A la teva edat, l'ideal és aprendre totes les modalitats de l'atletisme, perquè això contribueix millor a la teva formació com a atleta i perquè... és més divertit!

Repassem...

LES CURSES AMB TANQUES

Les curses amb tanques no s'han de córrer fent salts grans. Són curses normals en què les tanques es "passen", no se "salten"

CONTACTE A TERRA
La cama toca a terra rígida "com un pal". El genoll de l'altra cama es col·loca ràpidament en direcció a la línia de cursa.

ATAC
Aixeca el genoll i la cama d'atac. Avança el cos com si volguessis abalançar-te damunt la tanca.

FRANQUEIG
Tingues el cos inclinat. La cama endarrerida gira perquè la cuixa i el peu passin paral·lels a la tanca.

EL SALT D'ALÇADA

En els Jocs Olímpics de Mèxic de l'any 1968, un saltador d'alçada americà anomenat Dick Fosbury va passar a la història de l'esport mundial. Aquest atleta, enginyer aeronàutic de professió, ideà una tècnica nova per aconseguir superar el llistó del salt d'alçada molt més enlaire. Consistia en passar el llistó d'esquena, en lloc de passar-lo de la manera tradicional, de cara, amb la tècnica del *rodet ventral.* A més de guanyar la medalla d'or, va instaurar aquesta tècnica, que va prendre el seu nom, *fosbury*, i que és la que des d'aleshores usen tots els saltadors. La descrivim tot seguit:

LA CORREGUDA

Es tracta d'una aproximació de set a nou passos cap al lloc on es realitza la batuda.

- De cara al llistó, comença a córrer els primers passos en línia recta.
- Realitza els tres darrers passos corrent en corba fins a situar-te en paral·lel al llistó. Has de descriure una corba amb la que aconseguiràs, en el moment de la batuda, aprofitar la *força centrífuga* per col·locar-te d'esquena al llistó.
- Recorda que la correguda ha de ser progressiva i has de realitzar la batuda a una velocitat controlada, evitant una velocitat excessiva o massa lenta.

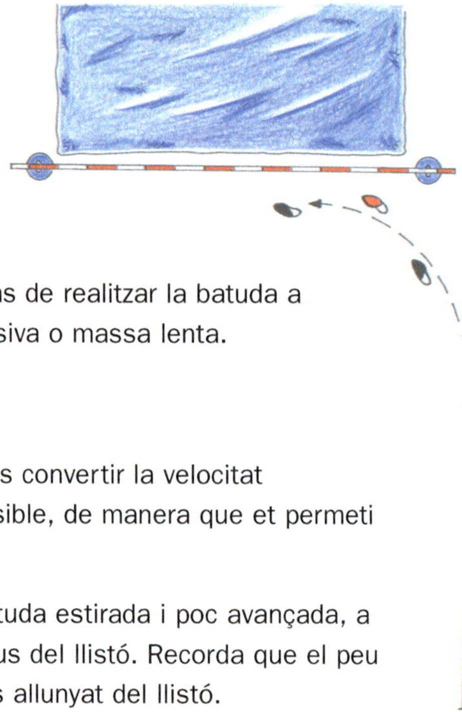

LA BATUDA

És una acció de *força explosiva* l'objectiu de la qual és convertir la velocitat horitzontal de la correguda en la màxima vertical possible, de manera que et permeti superar el llistó.

Recorda que...

L'atletisme no és només un esport que consisteix a competir amb els altres, sinó que també ens ensenya a millorar per arribar a superar-nos nosaltres mateixos.

- "Entra" amb la cama de batuda estirada i poc avançada, a una distància d'uns tres peus del llistó. Recorda que el peu de batuda ha de ser el més allunyat del llistó.
- Com a conseqüència de "l'entrada", la cama es flexiona una mica per saltar tan fort i ràpid com et sigui possible.
- La cama lliure també t'ajudarà a impulsar si eleves enèrgicament el genoll cap amunt, alhora que realitzes una *rotació* cap enfora per col·locar-te d'esquena al llistó.
- Els braços també ajuden a impulsar, fent-los pujar i aturant-los de cop quan les mans arriben a l'alçada de la cara.
- Alhora que saltes, has de fer una **rotació del cos**, ajudada per la força centrífuga generada per la cursa, i que t'ajudarà a "passar" el llistó d'esquena.

EL FRANQUEIG

S'hi realitzen els moviments oportuns per "passar" el llistó sense fer-lo caure.

- En primer lloc, arqueja completament l'esquena i evita entrar "assegut".
- Després realitza un moviment contrari de "trencament de l'arqueig" i d'elevació de les cames perquè, d'aquesta manera, també puguin superar el llistó.

LA CAIGUDA

Has de caure d'esquena al matalàs, amb les cames enlaire i de cara al llistó.

Repassem...

EL SALT DE LLARGADA

Ens iniciem amb la tècnica de "l'1 i 1/2", en què el saltador fa un pas i mig a l'aire.

CORREGUDA
Ha de ser progressiva i arribar a la velocitat màxima "*controlada*".

BATUDA
La cama impulsa amb potència (força explosiva) a terra. El genoll de l'altra cama puja amunt ("1").

VOL
Ajunta les dues cames a l'aire, tan amunt com puguis ("...i 1/2). Fes una volta amb el braç de darrera i ajunta també els braços.

CAIGUDA
Cau amb els dos peus i els dos braços cap endavant.

EL LLANÇAMENT DE DISC

El llançament de disc es caracteritza, sobretot, pels moviment giratoris que es realitzen a fi de donar la màxima acceleració al disc. Els atletes el llancen després de girar una volta i mitja, però, per als principiants, el més habitual és emprar el llançament escolar, en què només es fa *una volta.*

El disc és un artefacte circular, més o menys pla, més gruixut en el centre que a les vores. En la teva categoria té un pes de 1,5 quilos per als nois i 1 quilo per a les noies. S'ha d'intentar llançar el disc tan lluny com sigui possible des de l'interior d'un cercle de 2,5 m de diàmetre. Per aconseguir-ho has de conèixer-ne la tècnica:

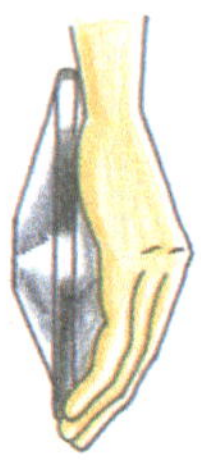

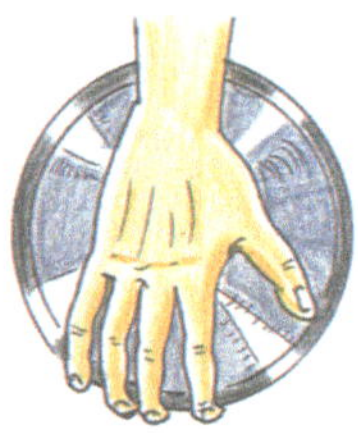

LA SUBJECCIÓ DEL DISC

El disc no ha d'agafar-se amb els dits, encara que et pensis que si no ho fas et caurà de la mà. El disc ha de "descansar" en la darrera falange dels quatre dits de la mà, notant una pressió lleugera a la punta dels dits. El polze se separa una mica de l'índex i es col·loca a un costat del disc, sense arribar a agafar-lo.

LA POSICIÓ DE PARTIDA

Has de col·locar-te dret, amb el peu esquerra avançat i de cara a la direcció de llançament. Tingues el disc a la mà dreta.

IMPULSOS PRELIMINARS

Es tracta de realitzar unes tres oscil·lacions amb el braç des del costat dret fins a l'alçada de l'espatlla esquerra. Un cop allà, perquè no caigui el disc, s'aguanta per sota amb la mà esquerra.

EL GIR

El propòsit és donar una volta per poder accelerar el disc aprofitant la *força centrífuga.*

- En la darrera oscil·lació, quan el disc és situat darrera l'esquena, s'inicia el gir.

- Emprant com a pivot la punta del peu esquerre, fes mig gir i porta el peu dret just al centre del cercle. Abans no recolzis el peu dret, hi ha un instant en què t'has de trobar a l'aire, com en un petit "vol".
- Un cop allà, fes mig gir més i porta de nou la cama esquerra endavant, completant així la volta sencera.
- Al final de la volta, has de quedar d'esquena a la direcció de llançament, amb la cama dreta lleugerament flexionada i l'esquerra completament estirada. El disc encara es troba "amagat" darrera l'esquena.

EL LLANÇAMENT

- Gira el peu dret sobre la punta i fes un impuls fort amb tota la cama.
- Gira la cintura cap endavant fins que quedi bloquejada i, junt amb l'altre bloqueig produït amb la cama esquerra estirada cap a terra, "dispara" el braç dret des de darrera l'esquena, amb tota la força que puguis, per llançar el disc.
- Recorda que el disc ha de sortir de la mà pel dit índex, imprimint-li rotacions giroscòpiques que ajudin a tallar l'aire i aconseguir així que arribi més lluny.

Recorda que...

Un atleta, i qualsevol altre esportista, ha d'escriure un diari d'entrenament on anoti els seus objectius, els exercicis i entrenaments que realitza, així com els seus comentaris personals. Si ho fas, adquiriràs molts coneixements i t'ajudarà a formar-te com a esportista.

Repassem...

EL LLANÇAMENT DE PES

La subjecció. No s'agafa amb el palmell de la mà, sinó que descansa damunt la base dels dits.

POSICIÓ DE PARTIDA
D'esquena al llançament, aguantant el pes del cos amb una sola cama.

IMPULS
Comença l'impuls amb un cop de cama enrere per desplaçar-te cap al centre del cercle.

Un cop allà, impulsa fort amb aquesta cama.

Acompanya-ho amb un gir de cintura fins que quedi "bloquejada".

LLANÇAMENT
Quan el pit estigui mirant endavant, llança amb tota la teva força explosiva. Impulsa el pes amb el braç, amb el canell i els dits.

SABIES QUE...?

- Els corredors de velocitat usen unes sabatilles que en la seva part davantera porten de sis a onze claus per afavorir l'impuls en la pista. En canvi no porten taló, ja que els corredors no toquen a terra amb els talons.
- Un atleta de la prova reina de velocitat, els 100 m llisos, assoleix la màxima velocitat cap als 60 m.
- Fa més de 100 anys, tal i com ens mostra la fotografia dels Jocs Olímpics d'Atenes de l'any 1896, la pista d'atletisme era de cendra i els carrers eren separats uns dels altres... per cordes!
- Els saltadors de llargada d'elit poden arribar a trobar-se a dos metres d'alçada quan són a l'aire. Si et proposes vèncer el rècord del món de llargada necessitaràs també ésser un gran velocista: l'actual recordista mundial, Mike Powell, va arribar a la taula de batuda a una velocitat de 40 km/hora per aconseguir saltar els 8,95 m.

100 m llisos
(Atenes 1896)

9

EL BÀDMINTON

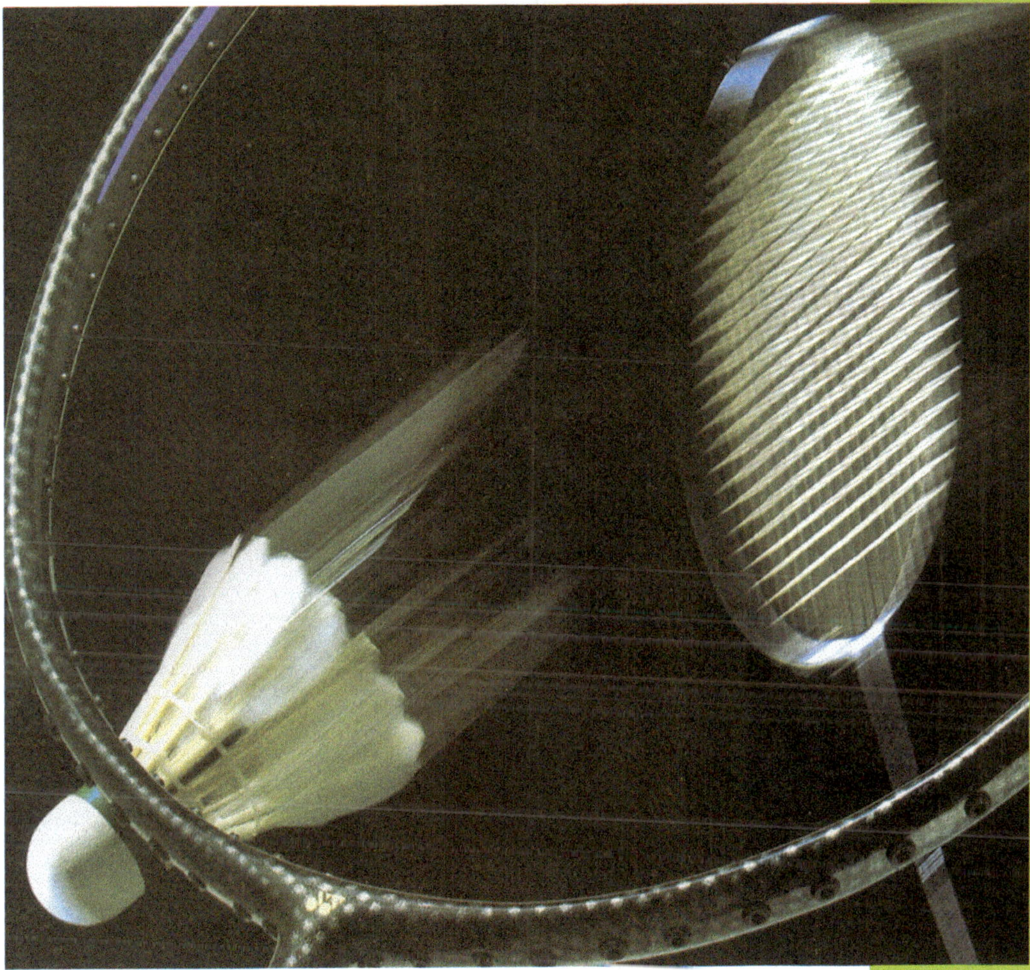

EL BÀDMINTON

- ON ES JUGA?
- COM ES JUGA?
  - Els jugadors
  - Inici del joc
  - Desenvolupament del joc
  - Puntuació
  - El material
- QUÈ DIU EL REGLAMENT?
  - Accions que pots fer
  - Accions que no pots fer
- LA TÈCNICA
  - La subjecció de la raqueta
  - La posició bàsica
  - El servei
  - Els cops bàsics
- COM JUGAR UN PARTIT?
  - En el joc d'individuals
  - En el joc de dobles
    - Davant-darrere
    - En paral·lel
    - Mixt

ON ES JUGA?

El bàdminton es juga en un camp d'unes dimensions de 13,40 m de llarg per 6,10 m d'ample.

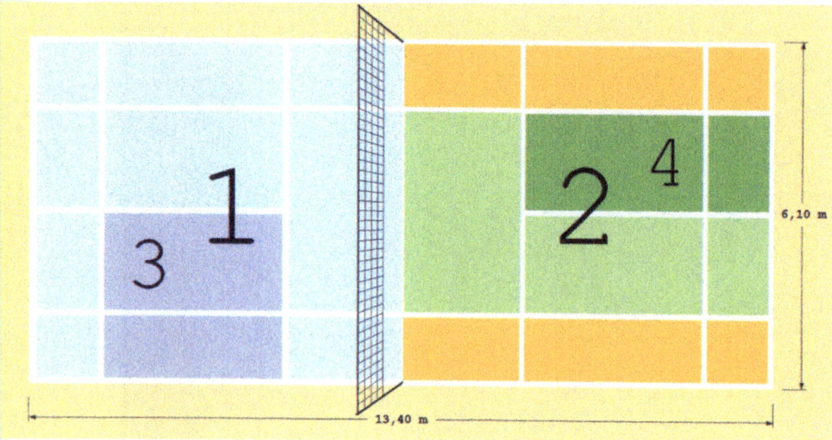

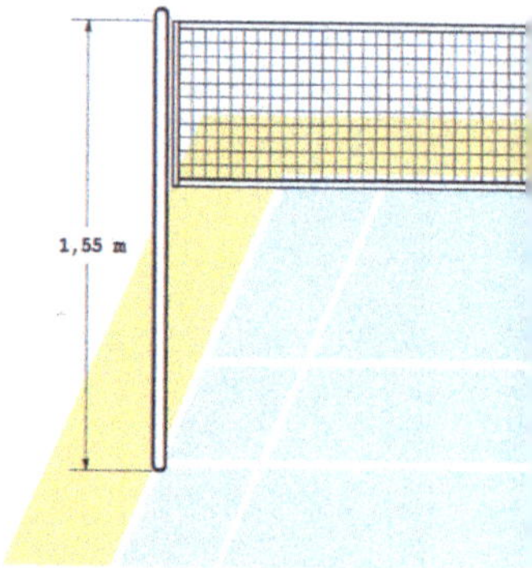

1. Àrea de joc de dobles.
2. Àrea de joc d'individuals.
3. Àrea de recepció del servei de dobles.
4. Àrea de recepció del servei d'individuals.

COM ES JUGA?

- **Els jugadors**: es pot jugar en la modalitat individual, en la de dobles i en la de dobles mixtos.

- **Inici del joc**: al principi del partit i quan la puntuació és par (2, 4, 6,...) el jugador serveix des de l'àrea dreta i en diagonal. Quan és imparell (1, 3, 5,...) el jugador serveix des de l'àrea esquerra també en diagonal. Serveix el jugador que ha guanyat el punt anterior. Als jocs posteriors, començarà servint el jugador que ha guanyat l'últim joc.
- **Desenvolupament del joc**: l'objectiu és aconseguir colpejar el volant amb la raqueta i fer-lo passar per damunt la xarxa cap al camp contrari de manera que l'adversari sigui incapaç de tornar-lo al nostre.

PUNTUACIÓ

- El partit es juga al millor de tres jocs. En cas d'empat 1 - 1, és necessari jugar un tercer de desempat.
- Guanya el joc el jugador que primer arribi a 21 punts. Si es produeix

empat a 20, guanyarà el primer que faci dos punts consecutius. Si s'arriba a 29-29, el joc el guanya el primer que arribi a 30.

- Al final de cada joc es canvia de camp. Al tercer joc, els jugadors també canvien de camp quan un d'ells arriba a 11 punts.

EL MATERIAL

- La **raqueta**: constitueix l'instrument més important, ja que només podem colpejar el volant amb ella. És molt lleugera, aproximadament de 100 grams, per poder manejar-la amb rapidesa.
- El **volant**: és l'objecte que colpegem amb la raqueta; pesa aproximadament uns 5 grams. Té unes plomes o un teixit de niló o plàstic fixat en una base de suro folrada de pell blanca.

QUÈ DIU EL REGLAMENT

ACCIONS QUE POTS FER

- Colpejar el volant amb la raqueta.
- Continuar el joc si el volant toca la xarxa, tant en el servei com al llarg de la jugada.

ACCIONS QUE NO POTS FER

- Colpejar el volant amb qualsevol part del cos.
- Colpejar dues vegades consecutives el volant en el mateix camp.
- Tocar la xarxa amb el cos o amb la raqueta.
- Envair el camp contrari per damunt o per sota la xarxa.
- Colpejar amb el volant el sostre, a terra o enviar-lo fora del camp.
- Situar-te, en el moment del servei, fora de l'àrea que et correspon, ja sigui quan serveixis tu o quan rebis.

Totes aquestes accions se sancionaran amb falta i s'atorgarà el servei al jugador contrari. Si el jugador a qui s'atorgui el servei ja el tenia, anotarà a més un punt.

QUINA ÉS LA SEVA TÈCNICA?

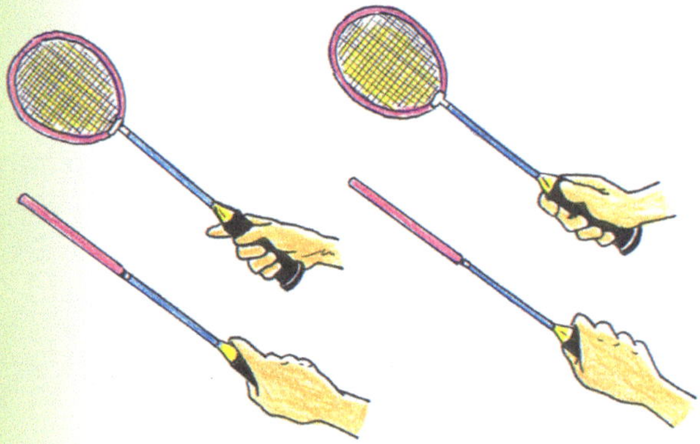

LA SUBJECCIÓ DE LA RAQUETA

- Agafa la raqueta pel mànec, tanca els dits de manera que el polze quedi entre l'índex i els altres dits. És l'anomenada *subjecció fonamental* o *occidental*, que ens servirà per als *cops plans* o *drives*.
- Per *colpejar de revés*, has de girar el canell de manera que el dit polze quedi com a punt de recolzament en la part plana del mànec.

LA POSICIÓ BÀSICA

Com ja saps d'altres esports, la posició bàsica permet estar preparat per realitzar qualsevol cop, i per realitzar desplaçaments molt ràpids cap a qualsevol indret del camp. Situa't aproximadament en el centre del camp, més o menys a un metre de la línia de servei curt.

- Inclina el tronc lleugerament cap endavant.
- Flexiona lleugerament les cames, per poder reaccionar molt ràpid.
- Tingues la raqueta elevada, a punt per colpejar el volant.
- Després de cada cop, has d'intentar tornar a la posició.

EL SERVEI

En el bàdminton el servei és una acció defensiva, però té una importància fonamental. Se serveix en diagonal cap a la zona de servei contrària. Sempre s'han d'alternar els serveis (no es pot servir dues vegades seguides des d'un mateix lloc) i el volant ha d'anar a caure en la zona assenyalada.

Has de servir des del costat dret quan la teva puntuació sigui parella, i des de l'esquerre quan sigui senar.

Quan un jugador perd el servei, l'altre jugador s'anota un punt i pasa a servir.

Recorda que...

Sempre has de tenir la raqueta a punt. Si se't trenca una corda, tu mateix pots arreglar-la. No és gens difícil.

PER QUE UN SERVEI SIGUI CORRECTE

- Col·loca't amb els peus un davant de l'altre.
- El braç realitza un moviment de darrere endavant.
- En el moment del cop, el cap de la raqueta ha de trobar-se per sota la mà i per sota de la línia del maluc.
- No es poden moure el peus en el moment de servir.
- El volant ha d'adquirir una trajectòria ascendent.

ELS COPS BÀSICS

D'entrada, podem diferenciar els *cops plans* o *drives* (amb el palmell de la mà orientat cap on enviem el volant) o de *revés* (amb el dors de la mà cap a la direcció del volant).
En funció de la *trajectòria i la paràbola* que adquireixi el volant després del cop, els principals són:

- ***Clear***: "globus" potent que cerca allunyar el contrari de la xarxa. Trajectòria molt alta amb una gran paràbola.
- ***Drive***: cop de trajectòria horitzontal i llarga. Paràbola tensa.
- **Deixada**: cop de trajectòria curta i paràbola mínima que pretén que el volant caigui just darrera la xarxa. Molt útil si el contrari se'n troba allunyat.
- **Esmaixada**: cop potent de trajectòria descendent i ràpida per guanyar el punt.
- ***Drop***: cop de trajectòria descendent, just a la xarxa, però que es realitza des del fons de la pista.

Esmaixada

En funció de la intenció del cop, podem distingir entre:

- **Cops ofensius**: tenen per objecte forçar l'error del contrari. Es realitzen habitualment per dalt (per damunt el cap). Són cops ofensius el clear, el *drop* i l'esmaixada.

- **Cops defensius**: llur objectiu és protegir-se de l'atac del contrari. Es realitzen habitualment per sota (per sota el cap). Són cops defensius el *drive* i la deixada.

COM JUGAR UN PARTIT?

Ja coneixes els cops bàsics del bàdminton. Ara és important saber com col·locar-te per aconseguir realitzar-los en les millors condicions i obtenir molts punts.

EN EL JOC D'INDIVIDUALS

- Has de situar-te enmig del teu camp. Sobre la línia central i a una distància aproximada de 1,5 m darrera la línia de servei. Després de cada cop, intenta recuperar aquesta col·locació tan aviat com puguis.
- Col·loca't en posició bàsica i observa on anirà el cop del jugador contrari.
- Des d'aquesta posició central, podràs arribar a la majoria de cops amb un sol pas, ja sigui endavant, endarrere o cap als laterals.

▌Només en el cas que el teu contrari col·loqui un cop molt ajustat cap un costat o una cantonada, hauràs de realitzar més passes. En aquest cas, fes uns primers passets curts i ràpids d'aproximació i el darrer, que t'ha de permetre obtenir una bona posició per a realitzar el cop, més llarg.

EN EL JOC DE DOBLES

Aquí, on les possibilitats tàctiques són majors, podem distingir els **sistemes de joc** següents:

- **Davant–darrere**: un jugador es col·loca davant, a prop de la xarxa, i l'altre se situa darrere. Aquest sistema s'usa quan hi ha una diferència accentuada entre el joc d'ambdós jugadors. El de darrere ha de ser potent, bon atacant i defensor, mentre que el jugador davanter ha de tenir bona tècnica, ser molt ràpid i posseir reflexos per atacar els volants amb trajectòries baixes i properes a la xarxa. És un sistema eminentment ofensiu.
- **En paral·lel**: els dos jugadors se situen a la mateixa alçada, cobrint cadascun una meitat del camp. Aquest sistema és més defensiu, ja que els jugadors es col·loquen, ambdós, a la meitat del camp.

Recorda que...

És important fer cas de les indicacions del teu professor o professora per executar bé els cops. Així, segur que en treus el màxim rendiment.

◆ **Mixt**: és una combinació dels dos anteriors. Es realitza jugant el sistema *davant - darrere* en atac i *en paral·lel* en defensa.

Els dos jugadors van variant la seva posició segons avança el joc. Normalment és el jugador avançat el qui marca la posició en el camp, i es col·loca sempre en el costat més allunyat del volant. El jugador endarrerit es col·locarà sempre a l'altre costat.

SABIES QUE...?

- En una esmaixada, el volant pot assolir una velocitat de 200 quilòmetres per hora.
- El bàdminton pren el nom de *Badminton House*, una mansió d'uns ducs anglesos on, al final del segle XIX, es practicaven uns jocs infantils molt semblants a aquest esport.
- El bàdminton és esport olímpic des dels Jocs Olímpics de Barcelona, el 1992.
- Fa més de 2.000 anys, a la Xina, ja es practicava un joc de característiques molt similars al bàdminton.

Recorda que...

Les línies formen part del terreny de joc. Per això, si un volant cau damunt una línia, ha de ser considerat com a bo. Sigues honrat i quan això passi, accepta-ho.

EL BÀSQUET (II)

10

EL BÀSQUET (II)

- EL REGLAMENT BÀSIC
  - El reglament
  - Què pots fer
  - Què no pots fer
  - Les faltes
- LA TÈCNICA
  - La passada
  - El llançament
  - Les fintes
  - El rebot
- JUGAR EN ATAC
  - El 2 x 2
  - El 5 x 5
- JUGAR EN DEFENSA
  - La defensa individual

El reglament bàsic...

Jugadors: cada equip el componen 12 jugadors, 5 dels quals són a la pista.

Puntuació: les cistelles poden valer 1 punt (llançament lliure), 2 punts (a l'interior de la línia de 6,25 m) i 3 punts (des de l'exterior de la línia de 6,75 m).

Qui guanya el partit?: l'equip que aconsegueix més punts. En cas d'empat, es juguen tantes pròrrogues com faci falta.

Durada: quatre temps de 10 min. (de temps real). Les pròrrogues tenen una durada de 5 min.

ACCIONS QUE POTS FER

- Córrer fent botar la pilota.
- Jugar la pilota amb les mans i intentar introduir-la en la cistella, evitant cometre les infraccions que s'assenyalen a continuació.

ACCIONS QUE NO POTS FER

- **Passos**: es cometen quan corres amb la pilota a les mans, sense fer-la botar. També quan aixeques el peu de pivot i encara tens la pilota a les mans. El peu de pivot només es pot aixecar quan saltes, però s'ha de passar la pilota o llançar a cistella abans de tocar a terra de nou.
- **Dobles**: si fas botar la pilota amb les dues mans alhora. També es cometen quan un jugador para de fer botar la pilota, l'agafa amb les mans i la torna a fer botar.
- **Camp enrere**: si et trobes atacant ja en camp contrari i retornes la pilota al propi.
- **5 segons**: aquest és el temps de què disposes per passar, llançar o fer botar la pilota quan la tens.
- **24 segons**: és el temps màxim de què disposa un equip per llançar a cistella.
- **3 segons**: quan un jugador atacant roman més de tres segons dins l'àrea restringida.
- **8 segons**: és el temps màxim que un equip té per passar al camp contrari quan ataca.
- **Peus**: tocar la pilota amb les cames.
- **Trepitjar** la línia de fons o de banda quan posseïm la pilota.

Totes aquestes infraccions se sancionen amb pèrdua de la pilota i l'altre equip serveix des de la línia de banda o de fons més propera.

FALTES PERSONALS

Es produeixen quan toques, empentes o dones un cop a un jugador de l'altre equip. Se sancionen amb:

- Servei des de la línia de banda o de fons més propera per part de l'equip contrari.
- Dos llançaments lliures si el jugador estava tirant a cistella.
- Tres llançaments lliures si el jugador estava llançant des de més enllà de la línia de 6,75 m.
- Llançament lliure "addicional". Si a un jugador que llança a cistella se li realitza una falta personal, però igualment converteix el llançament, aconsegueix els punts de la cistella i disposa, a més, d'un llançament "addicional".
- Quan un jugador ha acumulat 5 faltes personals, ha d'abandonar el camp i un altre company ocupa el seu lloc.

FALTES D'EQUIP

Es produeixen quan, en una part del partit, els jugadors d'un equip totalitzen 4 faltes personals. Totes les faltes que es cometin a partir d'aquest moment seran sancionades amb dos llançaments lliures.

FALTES ANTIESPORTIVES

Són agressions a un contrari, o faltes personals realitzades intencionadament. Es compten com una falta personal al jugador que l'ha comesa. A més, se sancionen amb dos llançaments lliures i la possessió de la pilota per a l'equip que ha rebut la falta.

FALTES TÈCNIQUES

Són accions en què un jugador o un entrenador cometen una falta de respecte als contraris o als àrbitres. Es compten com una falta personal al jugador que l'ha comesa i se sancionen amb un llançament lliure (si el jugador és a la pista) o 2 llançaments lliures (si s'imputa a algú de la banqueta) i possessió de la pilota.

MILLOREM LA TÈCNICA

Repassem...

EL BOT

- No has de donar cops a la pilota amb el palmell de la mà. Acompanya-la suaument amb els dits alhora que estires tot el braç i el canell.

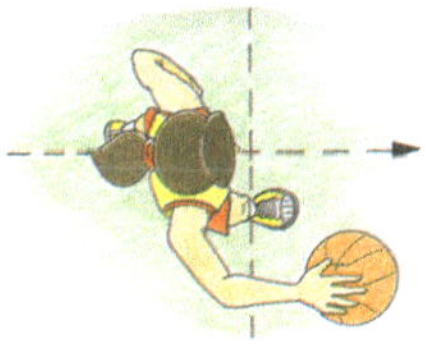

El bot d'avançada o bot alt: serveix per córrer ràpid a la cistella quan no tenim cap contrari a prop. Fes botar la pilota al costat i davant el cos, i no la miris.

El bot de protecció o bot baix: és el que s'usa quan un defensor és molt a prop i ens vol prendre la pilota. Col·loca el teu cos entre el defensor i la pilota. Fes-la botar a l'alçada del genoll. Compte! Intenta no donar l'esquena al defensor ni a la cistella. Aixeca el cap i mira sempre endavant.

EL CANVI DE MÀ

S'anomena així el canvi de bot d'una mà a l'altra. El canvi de mà ens servirà per protegir la pilota quan la fem botar i també per superar el contrari en un 1 x 1.

- Realitza'l sempre amb un canvi sobtat de direcció i de velocitat.

Quines possibilitats hi ha pel canvi de mà?: per davant les cames, entre les cames, amb un revers o per l'esquena.

Repassem...

LA RECEPCIÓ DE LA PILOTA

- Col·loca els braços ben estirats amb els dits oberts i els palmells de les mans mirant cap a la pilota.
- Els braços han d'esmorteir la pilota i no pas "bloquejar-la".

LA PASSADA DE PIT

- Col·loca la pilota a l'alçada de la panxa. Els colzes enganxats al cos.
- Amb un moviment circular, puja la pilota fins al pit i impulsa-la cap endavant estirant els braços i acabant amb un cop de canells.

APRÈN ALTRES TIPUS DE PASSADA

Passada picada amb una mà. S'usa quan tenim el defensor molt a la vora i hem de passar la pilota a un company.

- Es realitza separant la pilota del cos amb un braç amb la finalitat d'allunyar-la del defensor.
- Finalment, estenem el braç i, amb un cop de canell, fem botar la pilota a terra dirigint-la cap al company.

Passada per damunt el cap. Es realitza amb les dues mans, per damunt el cap. L'usen molt els pivots per passar la pilota després d'un rebot defensiu.

Recorda que...

Si bé quan juguis un partit has d'intentar guanyar, tingues sempre present que el més important és divertir-se i passar una bona estona amb els teus amics.

Passada amb una mà o de beisbol. Serveix per enviar la pilota a grans distàncies. S'usa molt en els contraatacs.

- Agafa la pilota i porta-la cap a un costat i enrere, subjectant-la amb una mà. Després, impulsa-la ben fort estenent el braç i el canell.

COM COMENÇAR A BOTAR?

Quan tens un defensor molt a prop, és molt important saber com has de començar a fer botar la pilota. Així aconseguiràs que no te la prenguin i, si és possible, intentaràs esquivar el defensor. Hi ha dues maneres d'iniciar el bot que poden ser-te de gran ajut:

Repassem...

ELS PIVOTS

El peu que és a terra s'anomena **peu de pivot** i gira sempre per la punta.

COMENÇAR AMB UN "PAS CREUAT"

- Primer enganya el teu defensor desplaçant la cama com si volguessis anar cap a un costat.
- Després, creua-la ràpidament cap al costat contrari, realitzant una passa ben llarga.
- Surt tan ràpid com puguis, fent botar la pilota amb la mà més allunyada del defensor i protegint-la amb el cos.

COMENÇAR A BOTAR CAP AL MATEIX COSTAT

- Primer enganya el defensor creuant la cama pel seu davant.
- Després, torna cap enrere realitzant una passa lateral molt llarga i fent botar la pilota lluny del defensor.

Repassem...

LES PARADES

És un moviment que permet aturar-se a un jugador que porta la pilota o també en la recepció d'una passada.

Parada a un temps. El jugador efectua el darrer bot i, després d'un salt, cau a terra amb els dos peus alhora. Un cop el jugador s'ha aturat, pot escollir el peu de pivot.

Parada en dos temps. Es realitza de la mateixa manera, però primer posa a terra un peu i després l'altre. En aquestes parades, el peu de pivot és el primer que toca a terra

EL LLANÇAMENT (O TIR)

Per ser un bon llançador cal practicar amb constància la *mecànica del llançament* i ser molt curós en tots els gestos que exigeix realitzar aquest element tècnic. Amb l'ajut del teu professor o professora, que et proposarà els exercicis adequats, i posant de la teva part prou concentració, aconseguiràs millorar molt la teva tècnica i, en conseqüència, la teva efectivitat a l'hora d'aconseguir punts.

Repassem...

EL LLANÇAMENT FONAMENTAL

- Apunta usant la *línia de llançament*, és a dir, amb l'ull, el dit del mig, el colze, l'espatlla, el genoll i el peu del mateix costat, apuntant al centre de la cistella.
- Has de situar la mà que no llança al costat de la pilota, però mai al davant, perquè molestaria el llançament. La funció d'aquesta *mà lateral* no és subjectar ni impulsar la pilota, sinó donar-li estabilitat.
- Fes una extensió de cames, braç, colze i finalment canell i dits, proporcionant una paràbola a la pilota i intentant que, en el seu descens, entri a la cistella.

Completa el que ja vas aprendre en cursos anteriors, aplicant aquests consells:

- La pilota ha de descansar en els dits, amb el canell molt flexionat cap enrere.
- El moviment final del llançament ha de partir d'un cop cap endavant de canell i de dits.
- Aquesta acció de dits i canell ha de provocar que la pilota surti de la mà girant enrere sobre si mateixa. (Donant aquest efecte a la pilota, aconseguim que quedi "morta" en la cistella i que no surti rebutjada.)

SÍ **NO**

SÍ **NO**

- Al final del llançament, el braç queda ben estirat i el canell flexionat.

EL LLANÇAMENT EN SUSPENSIÓ

És el més emprat pels jugador de bàsquet, ja que permet elevar l'alçada del llançament i així dificultar la defensa dels adversaris. Té una mecànica molt similar al fonamental, però amb la diferència que el cos es troba a l'aire en el moment del llançament. Té tres fases:

- **Salt**: realitzat amb els dos peus, ha de ser vertical i portant la pilota a posició de llançament.

- **Suspensió**: és el breu instant en què has de "romandre" en el punt de màxima alçada del salt.
- **Llançament**: en la suspensió has de llançar amb idèntica mecànica que en el tir fonamental. en el punto de máxima altura del salto.

Repassem...

EL LLANÇAMENT AMB ENTRADA A CISTELLA

Consisteix a avançar cap a la cistella fent botar la pilota i, després de realitzar un darrer bot, fer dues passes: primer recolzant la cama més *allunyada de la cistella* (l'exterior) i després saltant amb la cama *més propera* (la interior). A l'aire, has de deixar anar la pilota suaument perquè entri a cistella.

LES FINTES

Són moviments que tenen com a objectiu enganyar els defenses per alliberar-nos-en. Hi ha diversos tipus de fintes:

- **Fintes de passada**: es tracta de fer creure al defensor que la passada anirà dirigida cap a una direcció determinada, per canviar sobtadament cap a una altra direcció. Després de la finta, pot fer-se també una altra acció diferent, com una entrada, o un llançament.

◆ **Fintes de recepció**: les emprem quan un defensor ens impedeix rebre la pilota. Es tracta de fer un desplaçament per fer creure al defensor que anem a rebre la pilota, per després canviar sobtadament de direcció cap al lloc on la volem rebre de veritat.

◆ **Fintes de llançament**: simulem un llançament a cistella realitzant els moviments del tir, però, després de la reacció del defensor, sortim fent botar la pilota o llancem definitivament.

EL REBOT

És l'acció tècnica que consisteix en agafar la pilota quan, després d'un llançament, no ha entrat a cistella. Podem distingir dos tipus de rebot:

◆ **Rebot defensiu**: quan l'equip contrari llança a la nostra cistella i falla, mai no hem de donar-li l'oportunitat de tornar a llançar. Per això, és essencial apoderar-se de la pilota abans que ho faci l'altre equip. Aquesta acció l'anomenem *rebot defensiu*.

◆ **Rebot ofensiu**: si, per contra, és el nostre equip el que llança i no aconsegueix cistella, hem de procurar recuperar la pilota per intentar un nou llançament. Aquesta acció atacant l'anomenem *rebot ofensiu*.

Rebot

En l'acció de rebotar hi podem diferenciar dues fases:

▌ **Bloqueig**: es tracta de guanyar la posició al contrari tancant-li el pas, posant-nos-hi al davant amb energia. Aquesta acció es realitza amb un pivot (girant cap endavant o cap enrere), flexionant bé les cames i aixecant els braços.

- **Salt**: moviment de força explosiva cap amunt, saltant i agafant la pilota en el seu punt més elevat. Hem d'agafar-la amb força, com si volguéssim "arrencar-la" de la cistella.

JUGAR EN ATAC

Repassem...

L'UN CONTRA UN

Ja el vas veure en el primer cicle. Recorda que has de combinar-lo amb la passada a companys desmarcats o que es trobin en una situació millor de joc. Tingues en compte que el bàsquet és un joc d'equip! Quan el realitzis, intenta aplicar tot el ja has après: la *sortida en pas creuat* o *pel mateix costat*, el *bot de protecció*, els diversos *canvis de mà*, els *pivots*, les *fintes*, el *llançament en suspensió* o *amb entrada a cistella* i el *rebot*.

DOS CONTRA DOS

Jugant partits de 2 x 2 podràs gaudir el bàsquet en qualsevol moment del teu lleure: en el pati del teu centre, en el poliesportiu o arreu on hi hagi una cistella.

Segur que t'agradaria aprendre alguns consells per millorar el teu joc d'atac. Aprèn-los bé, perquè sens dubte també et serviran per jugar cinc contra cinc.

El primer que heu d'intentar és no jugar massa junts, com si tots dos volguéssiu tenir la pilota! Separeu-vos uns metres i intenteu aplicar alguna d'aquestes tècniques.

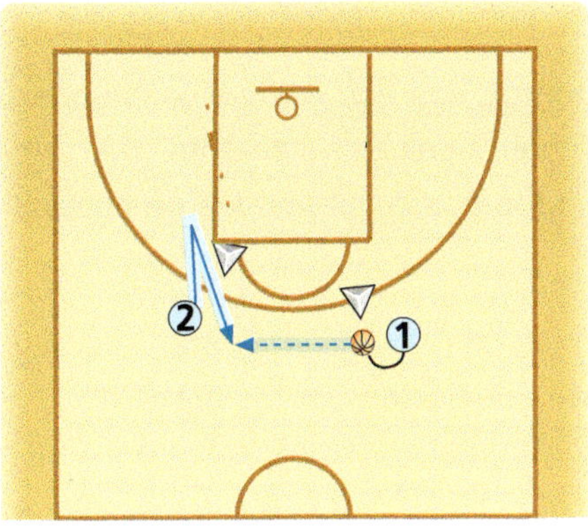

DESMÁRCA'T!

- Si el teu defensor no et permet rebre la pilota, has d'aprendre a *desmarcar-te*. Aplica el que has après en les *fintes de recepció*: surt corrent cap a la cistella, després canvia de direcció sobtadament i torna enrere per rebre sense oposició la pilota del teu company.

- També pots desmarcar-te fent-ho a l'inrevés: surt corrent cap a fora i després canvia de direcció sobtadament cap a la cistella per darrere del teu defensor. Aquest moviment "d'engany" al defensor, escapant-te per la seva esquena, l'anomenem **porta enrere**.

PASSAR I TALLAR!

- Primer passa la pilota a un company ("*passar*").
- Fes una finta i tot seguit corre cap a la cistella ("*tallar*") per rebre la passada del teu company i realitzar una entrada a cistella.

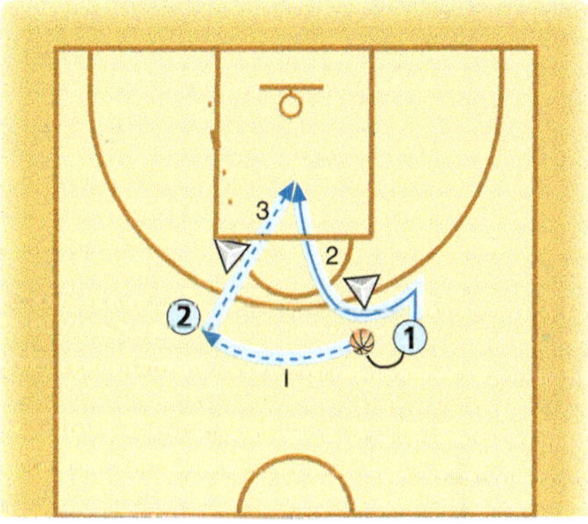

BLOQUEIG

Es tracta de fer una "barrera" al defensor del nostre company, destorbant el seu desplaçament per tal que el nostre company pugui entrar a cistella sense oposició.
Observa com es realitza:

- Si no tens la pilota, ves corrent a situar-te al costat del defensor del teu company, els braços creuats en el pit i les cames separades i una mica flexionades.
- Queda't com una "estàtua".
- El teu company passarà amb la pilota pel teu costat a fi d'aprofitar aquesta "barrera" i es dirigirà ràpid cap a la cistella.

CINC CONTRA CINC

En un partit de bàsquet en què s'enfronten dos equips de cinc cal que els jugadors es distribueixin en el camp en posicions diferents. Tal com vas veure en el cicle anterior, aquestes posicions són les de **base, ales** i **pivots**.

Recorda que...

Quan jugueu a bàsquet pel vostre compte i sense àrbitre, heu de ser honests. Cadascú ha d'indicar quan ha comès una falta personal i reconèixer els fores de banda. Ja veureu com així jugueu molt millor.

Ara que estàs aprenent moltes coses d'aquest esport convé que coneguis totes aquestes posicions i no t'especialitzis només en una d'elles. De la mateixa manera que un jugador ha d'aprendre a realitzar totes les accions tècniques del bàsquet, és molt important també que conegui i jugui en totes les posicions de l'equip.

Anomenem **sistema** la situació dels jugadors en les diferents posicions. Un **sistema d'atac** és *la manera en què un equip s'organitza quan té la pilota*. En un sistema d'atac, cada jugador ocupa un lloc determinat en la pista.

Per començar a jugar 5 x 5 t'aconsellem aquests dos sistemes d'atac:

1 – 2 – 2

És un dels sistemes més senzills per iniciar-te en l'atac, ja que a partir d'ell es poden construir molts moviments tàctics.

- El **base** ocupa la part central de la pista.
- Els **ales** se situen un a cada costat del base a l'alçada de la línia de llançament lliure. Un dels dos ales, amb característiques molt semblants a les del base, juga molt a prop d'ell i el recolza. Aquest ala l'anomenem **escorta**.
- Els **pivots** se situen a la part baixa de l'àrea de tres segons, un a cada costat.

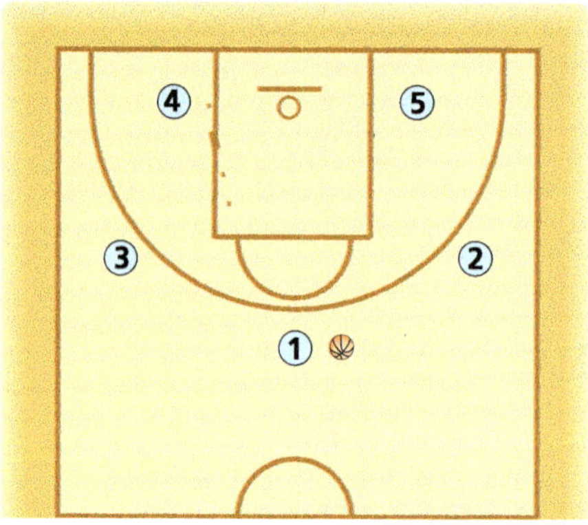

1 Base
2 3 Ales
4 5 Pívots

1 – 3 – 1

És una variant del sistema 1 – 2 – 2. Per portar-lo a terme, un dels pivots es desplaça fins a la línia de llançament lliure i deixa així més espai sota la cistella.

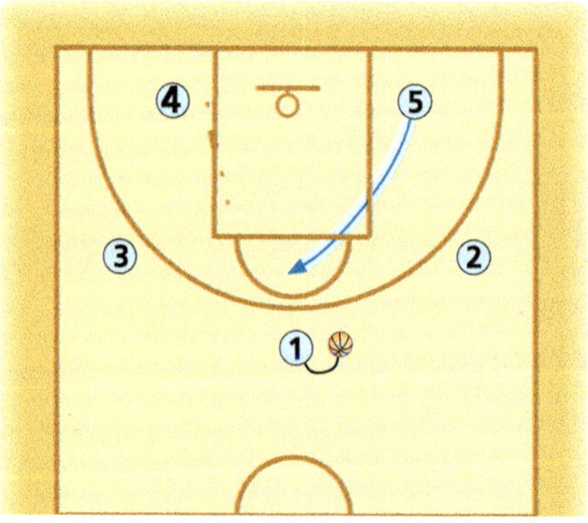

1 Base
2 3 Ales
4 5 Pívots

JUGAR EN DEFENSA

Quan el teu equip hagi perdut la possessió de la pilota, o després d'haver llançat a cistella, automàticament passa a defensar. Les accions d'atac i de defensa se succeeixen amb gran rapidesa en el bàsquet. Has de tenir molt clar què has de fer en cada moment. *"Atacar és més divertit i defensar és molt pesat"* pensaràs potser. Però en el bàsquet, només els que són capaços de jugar "de manera completa", és a dir, tant a l'atac com en defensa, arriben a ser grans jugadors.
Què haig de fer en defensa? A la teva edat i en el teu institut, has d'aprendre a defensar emprant la *defensa individual*, de la que et parlem a continuació.

LA DEFENSA INDIVIDUAL

S'anomena així *la defensa en què a cada jugador se li assigna el marcatge d'un jugador contrari. L'ha de seguir allà on vagi i dificultar-li totes les accions d'atac.*

QUÈ HAS DE FER EN COMENÇAR A DEFENSAR?

Quan el teu equip hagi perdut la pilota, has de córrer cap a la teva cistella a tota velocitat per:

- Arribar-hi abans que l'equip contrari i així frenar el seu contraatac.
- Si hem aconseguit frenar el contraatac, aleshores cada jugador s'encarrega de marcar "individualment" el jugador que tingui assignat.

Recorda que...

Has de respectar sempre les cistelles instal·lades en llocs públics. Són una part del patrimoni del teu barri.

HAS DE SEGUIR EL TEU ATACANT PER TOTA LA PISTA?

En principi no, perquè es creen molts espais i perquè, a més, suposa un desgast físic que impedeix seguir amb normalitat el partit.

És millor emprar la **defensa individual a partir de mitja pista cap enrere**.
En aquesta defensa, mentre aneu corrent cap a la vostra cistella i a mesura que us hi acosteu, cadascun dels membres de l'equip es va "acoblant" al seu atacant.

COM DEFENSAR EL JUGADOR QUE TÉ LA PILOTA?

És el jugador més perillós, ja que... pot aconseguir una cistella! Per això, si ets tu qui el defenses, ets el responsable del seu marcatge i hauràs d'aplicar-t'hi en benefici del teu equip.

Repassem...

COM HAS DE MARCAR

- Col·loca't a prop de l'atacant, però sense tocar-lo, ja que podries cometre una falta personal.
- Sempre has de situar-te entre ell i la cistella, sense deixar-lo avançar i intentant prendre-li la pilota.
- Si ha parat de fer botar la pilota, aprofita que només disposa de cinc segons per passar o llançar. Acosta-t'hi i destorba-li qualsevol acció... sense fer-li falta personal.
- Si vol llançar a cistella, aixeca el braç i col·loca'l davant la pilota. Intenta fer-li un tap!

COM DEFENSAR UN JUGADOR QUE NO TÉ LA PILOTA?

Encara que el jugador que defensis no tingui la pilota, no t'has de relaxar ni perdre l'esperit defensiu. Posa atenció en la seva defensa, intenta que no rebi la pilota i intercepta les passades que li adrecin. Per això has d'aprendre a **defensar en triangle**:

- Has de situar-te formant un *triangle* en què els vèrtex sou tu, el teu adversari i la pilota. Aquest triangle serà *més gran com més lluny sigui el jugador que té la pilota*.
- No perdis de vista en cap moment ni el jugador que defenses ni la pilota. "Apunta'ls" amb els teus braços.

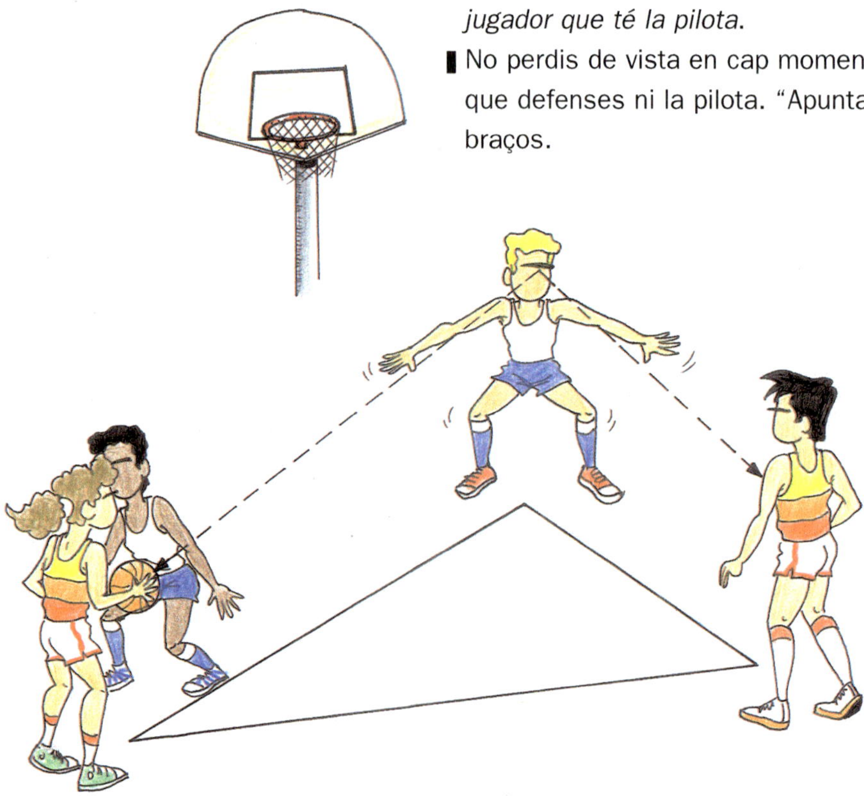

SABIES QUE...?

- Michael Jordan ha estat, per a molts, el millor jugador de bàsquet de la història d'aquest esport. Aquest jugador, de 1,98 m d'alçada i 98 kg de pes, té el palmarès següent: dues vegades campió olímpic (Los Angeles 1984 i Barcelona 1992), 6 vegades campió de la lliga professional americana NBA i 1 vegada campió universitari. Vols conèixer alguns dels seus "rècords"?: deu vegades màxim anotador de la NBA; cinc vegades millor jugador; 69 punts anotats en un sol partit; i ni més ni menys que 842 partits consecutius aconseguint pel cap baix 10 punts. Retirat l'abril de 2003, havent jugat 1.251 partits i anotat un total de 38.279 punts.

- L'àrea de tres segons s'anomena popularment "ampolla".

- És obligatori que tots els camps de bàsquet tinguin almenys un tauler de recanvi. Si mires la fotografia entendràs per què.

- La final de bàsquet masculina dels Jocs Olímpics de Munic, entre EEUU i l'antiga URSS, l'any 1972, va ser una mica accidentada. Després de guanyar EEUU per un punt i celebrar eufòricament la seva victòria, la taula es va adonar d'un error de cronometratge, faltaven encara tres segons per jugar. Reprès l'encontre, Belov va aconseguir una increïble cistella que va donar la victòria final a la Unió Soviètica davant la mirada atònita dels americans.

11 L'HANDBOL (II)

L'HANDBOL (II)

- **EL REGLAMENT BÀSIC**
  - El reglament
  - Què pots fer
  - Què no pots fer
  - Les faltes
- **LA TÈCNICA**
  - La passada
  - El llançament
- **JUGAR EN ATAC**
  - La passada i va
  - L'encreuament
  - Les penetracions successives
  - El 7 x 7
- **JUGAR EN DEFENSA**
  - La defensa individual
  - La defensa zonal 6-0 i 5-1

El reglament bàsic...

Jugadors: cada equip el componen 14 jugadors, dels que 7 són els que juguen a la pista (6 de camp i el porter).
Puntuació: sempre que la pilota traspassi totalment la línia de porteria s'aconsegueix un gol.
Qui guanya el partit?: l'equip que aconsegueix més gols. Un partit pot acabar en empat.
Duració: es juguen dues parts de 30 minuts.

ACCIONS QUE POTS FER

- Fer tres passes abans i després de fer botar la pilota.
- Llançar a porteria des de dins de l'àrea de 6 metres, sempre i quan hagis saltat sense trepitjar la línia i llancis la pilota abans de tocar a terra.
- El porter, dins de la seva àrea de porteria, no comet falta si realitza passos, dobles o reté la pilota més de tres segons.
- Quan un porter, com a conseqüència d'un rebuig, envia la pilota darrera la seva porteria i surt per la línia de fons, ell mateix la tornarà a posar en joc. En canvi, si la pilota és tocada per un defensor, l'equip contrari servirà un córner des del costat més proper al lloc per on ha sortit la pilota.

ACCIONS QUE NO POTS FER

- **Tocar** la pilota per sota el genoll, a excepció del porter.
- **Passos**: es cometen quan fas més de tres passes amb la pilota a les mans.
- **Dobles**: quan, després d'haver parat de fer botar la pilota, la tornes a fer botar. Sí que pots, però, fer tres passes més.
- **3 segons**: quan tens la pilota, disposes de tres segons per fer-la botar, passar-la o llançar.
- **Trepitjar la línia de 6 metres** o entrar a l'àrea de porteria, a excepció del porter.
- **Passivitat**: es comet quan un equip perd el temps i demora excessivament el llançament a porteria.

Totes aquestes accions se sancionen atorgant la possessió de la pilota a l'equip contrari, que la posa en joc mitjançant un llançament de falta, des del lloc on s'ha comès la infracció.

FALTES ANTIREGLAMENTÀRIES

- **Cop franc**: no pots empentar, subjectar ni donar cops a un adversari. Tampoc no pots impedir-li el pas amb els braços o les cames, però sí amb el tronc.
  Totes aquestes accions se sancionen amb un llançament de falta des del mateix lloc on s'han comès. Si la falta s'ha fet entre les línies de 6 i 9 metres, el llançament de falta se serveix des de la línia de 9 metres i els defenses s'han de col·locar a la línia de 6 metres.
  També se sancionarà amb cop fran quan passis la pilota al porter i ell sigui dins l'àrea de porteria.
- **Penal**: és el llançament lliure des de 7 metres i se sancionarà:
  - Quan cometis una falta antireglamentària a un adversari que té la pilota i es troba en clara situació de gol.
  - Quan defensis dins l'àrea de porteria.

FALTES ANTIESPORTIVES

Són les faltes antireglamentàries especialment agressives o intencionades. Agafar el contrari per l'esquena o el coll, donar-li un cop o empentar-lo molt fort, en són alguns exemples. Segons llur gravetat se sancionen així:

- **Amonestació**: l'àrbitre mostra la targeta groga. Màxim 3 per equip. Després se sancionarà amb l'exclusió.
- **Exclusió**: el jugador és expulsat del camp durant 2 minuts (l'equip juga amb un jugador menys). El jugador que acumula tres exclusions no pot tornar a jugar el partit.
- **Desqualificació**: quan un jugador realitza una acció molt greu, ha d'abandonar el terreny de joc. El seu lloc l'ocupa un altre company passats 2 minuts.

MILLOREM LA TÈCNICA

LA RECEPCIÓ i LA PASSADA

Si te n'has adonat, quan jugueu un partit d'handbol, l'equip que té la pilota la perd amb molta facilitat. Això és degut a que es fallen moltes passades i la pilota passa contínuament d'un equip a l'altre. Així, serà molt difícil "lligar" jugades que puguin acabar en gol i us cansareu pujant i baixant per la pista sense parar. Per tant, cal dominar els dos elements tècnics fonamentals que ens permetin fer "córrer" la pilota amb seguretat i velocitat: la passada i la recepció.

Repassem...

LA RECEPCIÓ

Estira els braços i posa els palmells de les mans mirant cap a la pilota.

No vulguis "bloquejar" la pilota quan la rebis. Esmorteeix-la amb una flexió suau dels braços.

Subjecta-la amb les dues mans i porta-la cap al pit. Després ja la pots agafar amb la mà que uses normalment.

Repassem...

LA PASSADA FRONTAL

Armat. Aixeca el braç fins a l'alçada de l'espatlla. Situa la pilota enlaire, darrera el cap.

Llança la pilota estirant fort el braç i, al final, amb un cop de canell.

APRÈN ALTRES TIPUS DE PASSADA

PASSADA DE MALUC

- Agafa la pilota amb una mà i separa-la cap a un costat del cos a l'alçada del maluc. El braç ha d'estar una mica flexionat i el cos una mica inclinat cap al mateix costat.
- Llança la pilota estenent el braç, sempre a l'alçada del maluc i acabant la passada amb un cop de canell.

PASSADA EN PRONACIÓ

- Agafa la pilota amb les dues mans a l'alçada del maluc.
- Ara agafa la pilota amb una sola mà i comença la passada estirant el braç cap a un costat, alhora que el canell impulsa la pilota realitzant un gir o *pronació*.
- Al final de la passada, el palmell de la mà ha de quedar mirant cap a fora.

PASSADA EN DEIXADA

Aquesta passada es realitza de manera molt suau i s'usa quan el company a qui va dirigida és molt a la vora.

- Estira el braç cap enrere i, amb el palmell mirant enlaire, impulsa la pilota suaument cap amunt per que el teu company el pugui rebre.

REGLES SOBRE LA PASSADA

- No has de fer evident a qui vas a passar la pilota (no "telefonar" la passada).
- Ha de ser ràpida i tensa, mai bombejada.
- La pilota ha d'arribar a l'alçada del pit, o al lloc on el company ens la demani.

Repassem...

EL BOT

Excepte en el contraatac, no s'usa massa, ja que és molt més ràpid fer córrer la pilota mitjançant passades. Això sí, recorda que no has de donar cops a la pilota amb el palmell de la mà, ni fer-la botar davant els peus.

LES FINTES

Són moviments mitjançant els quals hom intenta enganyar el jugador contrari per obtenir un avantatge. Mitjançant les fintes, aconseguim desmarcar-nos, passar la pilota o llançar a porteria.

- Primer que tot, fes un moviment per provocar una reacció o un desequilibri del teu defensor (engany).
- Aprofita aquest desequilibri per realitzar l'acció desitjada (la que vols fer de veritat).

EL LLANÇAMENT

Força explosiva, per llançar la pilota a més de 100 km per hora. Punteria, perquè la pilota entri per llocs insospitats. Força i tècnica per superar els defensors. Esperit d'atac, visió de joc... Heus aquí algunes virtuts d'un bon llançador. A més, ha de dominar diversos tipus de llançament.

Repassem...

EL LLANÇAMENT AMB SUPORT

Armat. La mecànica és similar a la de la passada d'espatlla, però has de girar l'espatlla més enrere i estirar més el braç. Avança la cama contrària al braç de llançament.

Mitjançant un gir brusc del cos i projectant el braç endavant, llança la pilota tan fort com puguis.

Repassem...

EL LLANÇAMENT EN SUSPENSIÓ

Es realitza des de l'aire, després d'un salt. Serveix per llançar per damunt de la defensa.

- Fes un salt ben enlaire amb la cama contrària al braç de llançament.
- Llança quan siguis a l'aire, en el punt més elevat, just per damunt les mans dels defenses.

ALTRES TIPUS DE LLANÇAMENT

LLANÇAMENT DE MALUC

- Des de la posició d'armat a l'espatlla, baixa el braç amb força fins a l'alçada del maluc.
- Llança per sota els braços dels defenses.

LLANÇAMENT RECTIFICAT

Es tracta d'un llançament en què el jugador modifica d'una manera sobtada i ràpida la posició del llançament i sorprèn així els defenses. En els llançaments rectificats, el jugador a vegades es deixa caure a terra per evitar el bloqueig del defensor. En el cas dels extrems, realitzen un gran salt per aconseguir obrir l'angle de llançament.

- Des de la posició d'armat a l'espatlla, inclina tot el cos cap a un costat per aconseguir evitar que els braços del defensa bloquegin el llançament. Si fos necessari, salta amb força cap a un costat o llança't a terra.

- Si llances pel costat contrari a la mà on tens la pilota, has de creuar el braç per darrera el cap. D'aquesta manera aconseguiràs que la pilota encara s'allunyi més del defensa i que puguis llançar a porteria amb més garantia.

JUGAR EN ATAC

Com a gairebé tots els esports d'equip, les situacions del joc són dues: la defensa i l'atac. Un equip passa automàticament a atacar quan aconsegueix la pilota. És aleshores que comencen els moviments i conceptes bàsics de l'atac.

Repassem...

SI TENS LA PILOTA A LES TEVES MANS...

- Si no tens cap defensor a prop, llança a porteria!
- Però si tens el teu defensor al davant, intenta esquivar-lo fent botar la pilota, amb fintes o bé llançant de sorpresa. I si no pots, passa la pilota a un company.

Repassem...

... I SI NO TENS LA PILOTA A LES MANS

L'ajuda. Es tracta de seguir els moviments del jugador que té la pilota, per si aquest hagués d'enviar-nos una passada. No es tracta de córrer tots darrere seu, només hauran de recolzar-lo els qui hi siguin al costat, tot seguint-lo a una distància prudencial.

El desmarcatge. Es tracta de fer uns moviments per quedar lliure del marcatge del teu defensor. Pots aconseguir-ho mitjançant una finta: corre cap a la porteria i després torna enrere canviant de direcció sobtadament per rebre la pilota.

Para esment a aquestes *combinacions d'atac* entre els jugadors d'un equip. Ben realitzades, t'ajudaran a aconseguir un bon llançament i... un gol.

PASSA I VA

El passa i va és una acció en què intervenen dos jugadors i que és molt fàcil d'aprendre:

- Passa la pilota a un company.
- Desmarca't! Finta i dirigeix-te cap a la porteria mentre reps de nou la pilota.
- Aprofita que has superat el defensa per llançar a porteria.

ENCREUAMENT

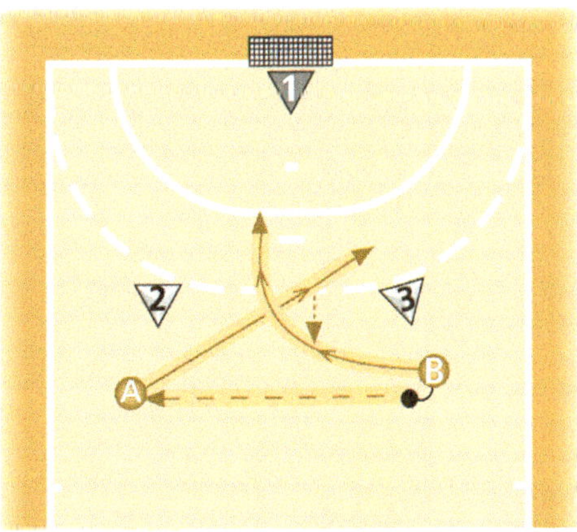

També és una acció en què intervenen dos jugadors, que s'usa molt en el joc d'atac:

- Passa la pilota a un company.
- Després, tots dos heu de córrer cap a la porteria encreuant les vostres trajectòries.
- En el moment de l'encreuament, el teu company et torna la pilota amb una *passada en deixada*.
- Si l'encreuament et serveix per obtenir una situació de superioritat davant el defensor, aprofita-la per llançar a porteria.

LES PENETRACIONS SUCCESSIVES

En handbol s'anomena **penetració** l'acció d'introduir-se entre la defensa per realitzar un llançament a porteria des de la línia de 6 metres. Un bon atacant ha de posseir la iniciativa i velocitat suficients per aprofitar qualsevol escletxa que deixi la defensa de l'equip contrari per penetrar i intentar aconseguir un gol.

Si la penetració és l'acció d'un jugador, les penetracions successives és una acció col·lectiva en que intervenen diversos jugadors. Fixa't com es realitza:

- Si tens la pilota, intenta penetrar amb decisió entre la defensa. Si la teva penetració és frenada, has de passar la pilota al company del costat.
- El teu company també intentarà penetrar i, si tampoc no ho aconsegueix, passarà la pilota al company següent.
- I així successivament fins que, al final, un atacant aconsegueix penetrar fins a la línia de 6 metres i llançar a porteria.

SET CONTRA SET

Anem a jugar un partit de veritat! 7 contra 7. Però, és clar, et preguntaràs... I jo on em col·loco?, qui jugarà al meu costat? A l'hora de jugar un 7 x 7, caldrà tenir un **sistema d'atac**. Recorda que un *sistema d'atac és la manera en què s'organitza un equip quan té la pilota, ocupant cada jugador un lloc de referència en la pista.*

Abans que res, has de saber que en handbol, quan s'ataca, hi ha dues línies de jugadors:

- **Primera línia**: la formen els jugadors més pròxims a la porteria pròpia.
- **Segona línia**: la formen els jugadors més separats de la porteria pròpia.

Repassem...

LES POSICIONS DELS JUGADORS A LA PISTA

Les posicions més habituals dels jugadors a la pista són: el *porter*, un *central*, dos *laterals*, dos *extrems* i un *pivot*.

Per començar a jugar t'aconsellem aquests dos sistemes d'atac:

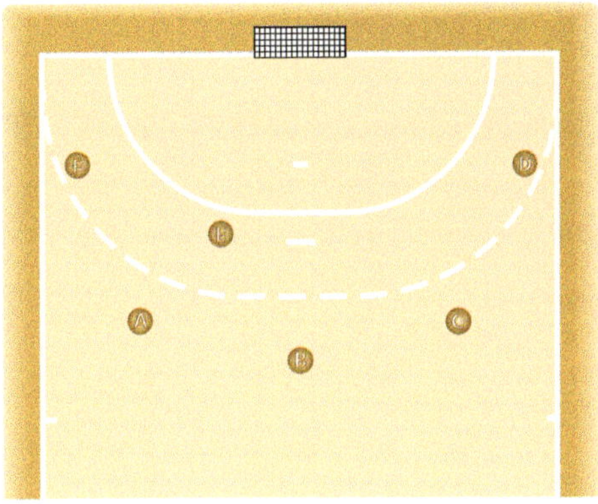

3 – 3

En aquest sistema, la primera línia la formen un central i dos laterals. I la segona, dos extrems i un pivot. En aquest sistema podeu usar moltes combinacions d'atac a part de les que t'hem exposat.

(B) Central
(A) (C) Laterals
(F) (D) Extrems
(E) Pivot

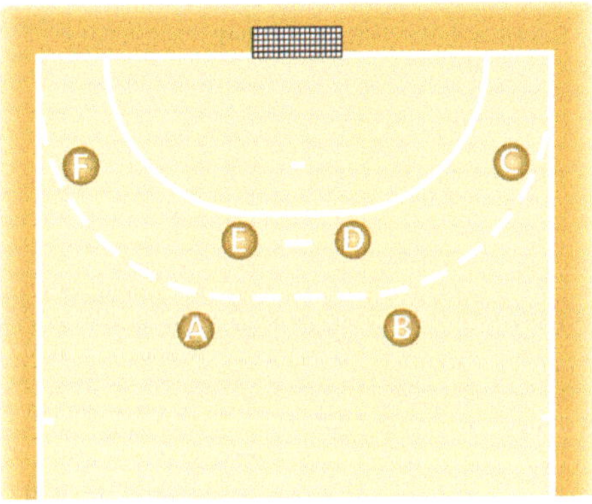

(A) Lateral esquerre
(B) Lateral dret
(C) Extrem dret
(D) Pivot dret
(E) Pivot esquerre
(F) Extrem esquerre

2 – 4

És un sistema d'atac en què es reforça la segona línia amb un segon pivot, sacrificant la posició de central. Es poden utilitzar bloquejos, encreuaments...

JUGAR EN DEFENSA

Segur que quan jugues prefereixes atacar que no pas defensar. Atacar resulta més motivador perquè... pots marcar un gol! Però per atacar hem de tenir la *possessió de la pilota*, i per aconseguir-la, cal lluitar per ella i recuperar-la. Per tant, podem afirmar que els dos objectius d'una defensa són: prendre la pilota a l'equip contrari (*recuperar la possessió de la pilota*) i impedir que *puguin fer-nos un gol*.
Recorda que un bon equip d'handbol és el que ataca i defensa amb el mateix entusiasme i afany de lluita.

Recorda que...

No menysvaloris mai els teus adversaris. Pensa que sempre hi haurà algú que jugui millor i pitjor que tu.

Repassem...

COM DEFENSAR EL JUGADOR QUE TÉ LA PILOTA?

El jugador contrari que té la pilota és molt perillós: pot fer-vos un gol! Per tant, has d'aprendre a marcar-lo correctament.

- Primer, situa't entre el jugador atacant i la porteria.
- Frena el seu llançament col·locant el teu braç davant el seu. Posa-li l'altra mà a la cintura per impedir que avanci.

EL BLOCATGE

És l'acció defensiva consistent en parar la pilota quan un atacant llança a porteria.

- Situa't entre l'espatlla del llançador i la porteria.
- Aixeca els braços i posa les mans juntes, tan a prop de la pilota com sigui possible. Per no fer-te mal, separa bé els dits i posa'ls ben rígids.

Si per organitzar l'atac parlem de sistemes d'atac, també hem d'organitzar el nostre equip a l'hora de defensar. En aquest cas parlarem de **sistemes de defensa**. En ells, cada jugador ocupa un lloc determinat en la pista i té unes tasques específiques.
Hi ha dos tipus de defensa: la **defensa individual** i la **defensa zonal**.

LA DEFENSA INDIVIDUAL

És la defensa en què cada jugador es fa responsable del marcatge d'un jugador atacant.

- Has de situar-te molt a prop, "pressionant" el jugador que et toca marcar.
- Si el jugador que marques és el que té la pilota, recorda com has de marcar-lo, tal i com t'hem explicat abans.
- Si el jugador que marques no té la pilota, intenta que no pugui rebre cap passada: aixeca el braç en la direcció des d'on podria venir la pilota.

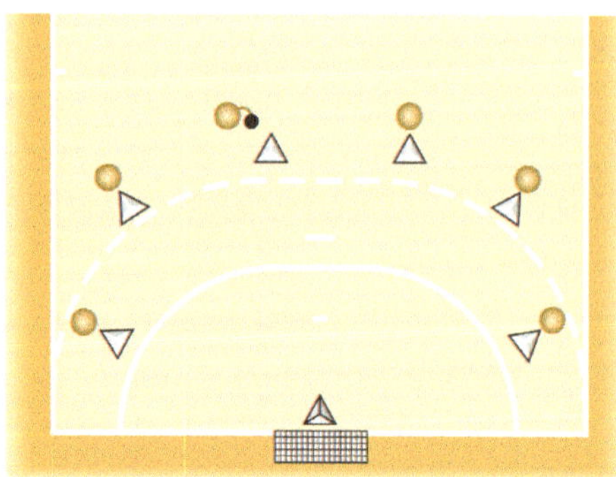

LA DEFENSA ZONAL

És la defensa en què cada defensor es fa responsable d'un espai o zona determinada del camp.

- Marca l'adversari que ocupi la zona que et correspon defensar. Si no hi ha ningú a la teva zona, ajuda els companys que tinguis al costat.
- Ajuda el company del teu costat si aquest és superat pel seu atacant. Fes-ho encara que hagis de deixar "lliure" el teu adversari més directe.
- Lògicament, les zones son aproximades. La teva acaba on comença la del teu company d'equip.

Recorda que...

Defensar bé no significa ser violent. Sigues noble i defensa amb velocitat, força i tècnica. Mai amb violència

En la defensa zonal hi ha dues línies de jugadors quan s'ataca:

- **Primera línia**: La formen els jugadors que juguen més a prop de la porteria.
- **Segona línia**: La formen els jugadors que es troben més allunyats de la porteria.

Per començar a jugar t'aconsellem aquests dos sistemes de defensa zonal:

6 - 0

Tots els defensors es situen al voltant de la línia de 6 m i es reparteixen el perímetre de l'àrea de porteria. Els jugadors més alts s'han de col·locar en el centre. És una defensa poc agressiva, però que no deixa moltes escletxes obertes.

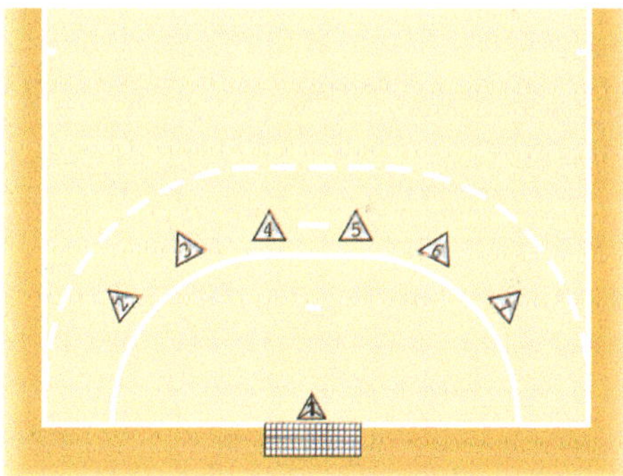

5 - 1

Cinc jugadors a primera línia, repartits al voltant de la línia de 6 m i un avançat. Aquest darrer té la funció de dificultar la circulació de la pilota de l'equip atacant.

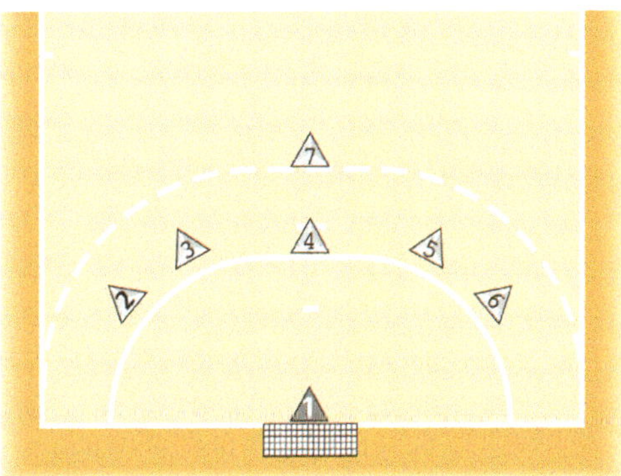

- 2 Defensa exterior esquerre
- 3 Defensa lateral esquerre
- 4 Defensa central
- 5 Defensa lateral dret
- 6 Defensa exterior dret
- 7 Defensa avançat

SABIES QUE...?

- Com volent emular el mateix voleibol de platja, el 1997 es començà a disputar el I Campionat d'Espanya d'Handbol de Platja, amb un èxit notable.

- S'anomena vol o *fly* la jugada d'habilitat en què un jugador passa la pilota dins l'àrea perquè un altre jugador, després d'un gran salt, recepcioni a l'aire i llanci a porteria. És una jugada espectacular i sorprenent per a l'equip contrari, però precisa una gran coordinació entre els dos jugadors que la realitzen. Us atreviu a practicar un vol a la vostra classe?

- Homer, autor del conegut llibre "l'Odissea", ja descriu un joc que es practicava a la Grècia antiga anomenat "Joc d'Ucraïna". La pilota, de la mida d'una poma, se la disputaven dos equips, havia de jugar-se amb la mà i no podia botar a terra.

- S'anomena "vaselina" el llançament en què la pilota supera el porter pel damunt, descrivint un arc. L'empren els jugadors quan veuen que el porter s'avança massa per cobrir la porteria.
La "rosca" és un llançament en què el jugador proporciona a la pilota un efecte de manera que, quan boti a terra, canviï sobtadament de direcció i entri a porteria.

Futbol platja.

Recorda que...

Quan acabis un partit, has de saludar respectuosament els adversaris i l'àrbitre, independentment del resultat.

EL VOLEIBOL (II) 12

EL VOLEIBOL (II)

- EL REGLAMENT BÀSIC
  - El reglament
  - Què pots fer
  - Què no pots fer
- LA TÈCNICA
  - L'ordre d'una jugada
  - La passada d'avantbraços
  - La passada de dits
  - La rematada
  - El bloqueig
- SISTEMES DE RECEPCIÓ DEL SERVEI
  - Recepció en "W" o 1-3-2
  - Recepció en semicercle
- JUGAR EN ATAC I EN DEFENSA
  - 3-1-2
  - 3-2-1
- SISTEMES DE JOC
  - Col·locador a torn
  - 1 col·locador 5 rematadors
  - 2 col·locadors 4 rematadors

El reglament bàsic...

Jugadors: cada equip el componen 12 jugadors. D'ells, sis juguen simultàniament a la pista.

Inici d'un set: en començar cada set, els jugadors han de situar-se tres davant (davanters) i tres darrere (defenses).

Puntuació: cada vegada que un equip guanya una jugada, tant per encert propi com per error de l'adversari, s'aconsegueix un punt i el dret al servei.
Un set es guanya quan l'equip aconsegueix sumar 25 punts, amb dos de diferència sobre l'adversari. Si s'arriba a la puntuació de 24 – 24, se segueix jugant fins que un dels dos equips aconsegueixi dos punts de diferència (26 – 24, 27 – 25, etc.).
Quan els dos equips empaten a dos sets, se'n juga un cinquè i definitiu a 15 punts. També en aquest cas s'han d'aconseguir dos punts de diferència si s'arriba al resultat de 14 –14.

Com aconseguir un punt?: s'aconsegueix **un punt** i **dret a servei** quan...
... la pilota toca a terra en camp contrari.
... la pilota, després de tocar un contrari, va fora del terreny de joc o toca a terra en el seu camp.

Qui guanya el partit?: l'equip que aconsegueix guanyar tres sets, sense límit de temps.

Rotació: quan un equip aconsegueix un punt i recupera el servei, ha de realitzar una rotació. En ella, els jugadors roten una posició en el sentit de les agulles del rellotge.

ACCIONS QUE POTS FER

- Tocar la pilota amb qualsevol part del cos.
- Un equip pot efectuar fins a **tres tocs** de pilota abans de passar-la al camp contrari.
- Jugar la pilota fins i tot fora dels límits del camp, després que l'hagi tocat un company.
- Servir, per iniciar el joc, des de qualsevol punt darrere la línia de fons.
- És vàlid el servei o la jugada en què la pilota passa a camp contrari, encara que hagi tocat la xarxa.
- Les línies formen part del terreny de joc. Per tant, si la pilota hi bota al damunt, la jugada és vàlida.

ACCIONS QUE NO POTS FER

- Efectuar dos tocs consecutius, excepte després d'haver efectuat un bloqueig, ja que aquest no compta com a toc.
- Agafar o retenir la pilota amb les mans. Només la pots colpejar.
- Tocar la xarxa amb el cos.
- Sobrepassar totalment amb un o els dos peus la línia central del terreny de joc.
- Variar l'ordre de rotació durant el desenvolupament d'un set.

Totes aquestes accions se sancionen amb un punt a favor de l'equip contrari.

MILLOREM LA TÈCNICA

Repassem...

LA POSICIÓ BÀSICA

- És una posició d'alerta, d'atenció, que t'ha de permetre reaccionar ràpidament per anar a cerca la pilota.
- El cos inclinat cap endavant.
- Els braços davant el cos.
- Separa els peus i avança'n un lleugerament.

L'ORDRE LÒGIC D'UNA JUGADA

Com ja saps, un equip pot donar, com a màxim, tres tocs a la pilota, a part del bloqueig, per impedir que toqui a terra en el camp propi i per passar-la al camp contrari. Aquests tres tocs, que estudiarem a continuació, són els següents:

- **Recepció**: és el primer toc. Normalment s'usa la *passada d'avantbraços*, encara que a vegades també pot emprar-se la passada de dits.
- **Col·locació**: és el segon toc. El realitza el *col·locador* mitjançant una *passada de dits*, tot i que si fos necessari, pot usar també la passada d'avantbraços.
- **Rematada**: la realitzen els rematadors.

LA PASSADA D'AVANTBRAÇOS

És la que s'usa normalment per rebre els serveis, rematades o qualsevol pilota que ens "enviï" l'equip contrari. És un cop fonamental per al joc d'un equip, ja que posseeix una funció doble: d'una banda té una *funció defensiva*, perquè el seu objectiu és evitar que la pilota toqui a terra i, en conseqüència, l'equip contrari aconsegueixi un punt; i d'altra banda té una *funció ofensiva*, perquè també té per objectiu aconseguir que la pilota arribi en bones condicions al rematador.

Repassem...

LA PASSADA D'AVANTBRAÇOS

- Situa't sota la pilota en la posició correcta. Els peus dirigits al lloc on vols passar.
- Braços a 45°; cames molt flexionades, com si estiguessis assegut en una cadira.
- En realitzar el toc, estira les cames en direcció a la pilota, com si t'aixequessis de la cadira.
- Tingues els braços estirats.

HAS D'INTENTAR...

- Concentrar-te en la pilota, des del mateix moment en que és a les mans del jugador que realitza el servei.
- Desplaçar-te a cercar la pilota abans que arribi a l'alçada de la xarxa i no esperar fins que arribi al teu camp.
- Finalment, tenir sempre en compte que com més potent sigui el servei o la rematada, més suau ha de ser el toc d'avantbraços, per esmorteir la pilota convenientment.

ERRORS QUE HAS D'EVITAR...

- Desplaçar-te molt tard, quan la pilota ja és al teu camp.
- Tenir els braços enganxats al cos.
- Flexionar els braços per colpejar la pilota.
- Colpejar la pilota amb els canells.
- Impulsar la pilota només amb els braços, sense estendre les cames o dret estant.

LA PASSADA DE DITS O COL·LOCACIÓ

És la que normalment s'usa per col·locar la pilota al rematador en condicions òptimes. També ens pot servir per rebre una pilota molt alta o per passar la pilota a l'altre camp quan no tenim possibilitat de rematar. Els equips de voleibol tenen un especialista, anomenat *col·locador*, que domina a la perfecció aquest tipus de passada i que s'encarrega de repartir el joc als rematadors.

Repassem...

LA PASSADA DE DITS

- Posa els peus en direcció al lloc on vols passar la pilota.
- Flexiona els colzes i separa'ls aproximadament uns 90°.
- Col·loca les dues mans davant el front amb els palmells mirant cap enlaire; els dits ben oberts i els polzes cap a la cara.

- Els polzes i índex de les mans han de formar un triangle.
- Toca la pilota amb el cap dels dits, no amb el palmell de les mans.

HAS D'INTENTAR...

- Estar molt atent al primer toc –la recepció– per desplaçar-te ràpidament cap a on vagi la pilota.
- Impulsar la pilota amb una extensió de cames, del tronc i dels braços enlaire i endavant, en la direcció de la passada.
- La passada ha de ser suficientment *alta,* perquè el rematador pugui agafar impuls i saltar cap a la pilota; i *ben dirigida,* una mica per davant del rematador, perquè aquest pugui agafar impuls per saltar.

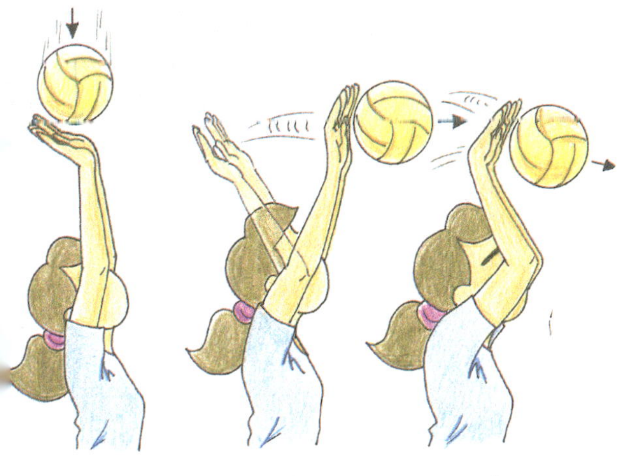

ERRORS QUE HAS D'EVITAR...

- Tenir els dits "de punta", mirant enlaire. La pilota no sortirà amb precisió i et pots fer mal en alguna articulació dels dits.
- Colpejar la pilota davant la cara, o massa amunt, amb els braços estirats.
- Colpejar la pilota abaixant els braços.
- Colpejar la pilota amb un cop de canell cap endavant.
- Col·locar la pilota per darrere el rematador o damunt la xarxa.

LA REMATADA

En una jugada, la rematada és el darrer toc. És un cop molt eficaç a l'hora d'aconseguir un punt, perquè és molt difícil de defensar per l'altre equip a causa de la velocitat que porta la pilota. Has de pensar que tant la recepció com la col·locació tenen com a objectiu aconseguir una bona rematada. I que aconseguir un punt mitjançant una rematada és la culminació d'una jugada d'atac.

Recorda que...

Quan acabeu el curs... podeu trobar-vos per seguir jugant al voleibol o al voleibol de platja. Aquest pot ser un bon motiu per "quedar" tots junts i fer exercici.

Repassem...

LA REMATADA

- **Correguda**, amb dues o tres passes.
- **Impuls**: fes la darrera passa molt llarga i recolza el taló a terra. El cos es troba molt endarrerit. En recolzar l'altre peu, dones un fort impuls cap enlaire amb les dues cames i també aixeques els braços
- **Salt**: ha de ser vertical, per evitar tocar la xarxa.
- **Armat**: posa la mà darrera el cap, de manera que el colze quedi més endarrere que l'espatlla.
- **Colpeig**: es realitza amb el palmell de la mà, recordant que la pilota sempre ha de ser davant teu.

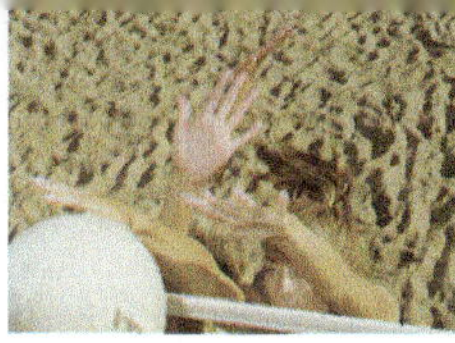

HAS D'INTENTAR...

- Situar-te darrere la línia de 3 m amb la finalitat de tenir prou espai per a la correguda d'impuls.
- Iniciar la correguda quan la pilota hagi sortit dels dits del col·locador. Així sabràs cap on has de desplaçar-te i quantes passes seran necessàries.
- Colpejar la pilota a la màxima alçada per damunt la xarxa.

ERRORS QUE HAS D'EVITAR...

- Iniciar la correguda abans d'hora, sense esperar a veure la trajectòria de la pilota.
- En saltar, deixar la pilota darrere el cos.
- Saltar cap endavant en lloc de cap amunt.
- Tocar la xarxa o, en caure, cometre invasió de camp.

EL BLOQUEIG

Bloqueig de 3 jugadors.

És una acció defensiva que té per objecte evitar que la pilota passi al nostre camp després d'una rematada.

A causa de la perillositat de la rematada, un equip es veu obligat a defensar-se'n i no és d'estranyar que el bloqueig el realitzin dos i fins i tot tres jugadors alhora.

Com ja hem dit, el bloqueig no es considera un toc de pilota. Per això, després d'un bloqueig, podem realitzar encara els tres tocs d'una jugada. Si tu ets el jugador que efectua el bloqueig, para esment a aquests moviments:

- Posa't davant la xarxa, a uns 50 cm d'ella. Flexiona els braços i posa les dues mans a l'alçada de les espatlles amb el palmell cap a la xarxa.
- Salta amb energia cap enlaire alhora que salta el rematador de l'altra equip. Aixeca els dos braços verticalment fins que les teves mans sobrepassin la xarxa.
- Tingues les mans obertes del tot, una al costat de l'altra i amb els dits rígids per frenar la pilota. Mai no tanquis els ulls.

Hi ha dos tipus de bloqueig, l'**actiu** i el **passiu**. En el primer, els braços passen per damunt la xarxa i els canells fan una flexió endavant, per tal que la pilota reboti a les mans, toqui a terra en el camp contrari i s'aconsegueixi així el punt. El segon, el passiu, té una funció defensiva, ja que només s'estiren els braços i les mans enlaire sense fer cap moviment endavant. La pilota surt rebotada cap enrere perquè els jugadors de darrere la rebin.

Bloqueig passiu

Recorda que...

No heu de protagonitzar discussions inacabables davant una jugada dubtosa. El més important és jugar i divertir-se. Repetiu el punt... i a seguir jugant!

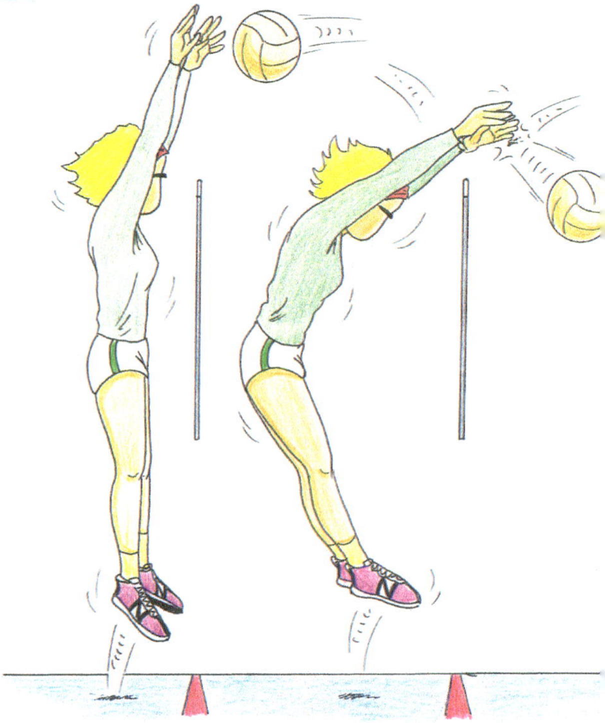

Bloqueig actiu

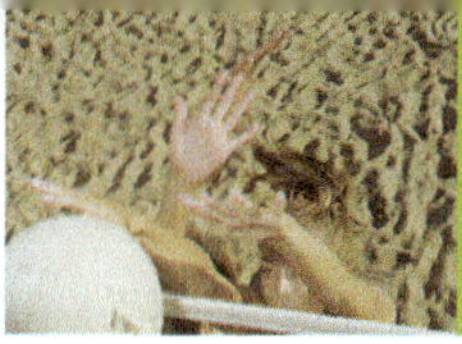

Repassem...

EL SERVEI BAIX

- Amb els peus i les espatlles mirant endavant, flexiona una mica les cames i avança el peu contrari al braç amb què serviràs.
- Aguanta la pilota a l'alçada de la cintura mentre tires el braç del servei enrere i amunt.
- Serveix! Tira el braç endavant i amunt amb força i colpeja la pilota per sota amb el palmell de la mà. Simultàniament, estén les cames.
- El braç segueix recte cap endavant, sense encreuar-lo per davant el cos.

EL SERVEI DE TENNIS

Vols guanyar efectivitat en el joc del teu equip? Que et sembla començar a atacar ja des del mateix servei? Aquest servei és molt efectiu, ja que la pilota descriu una trajectòria molt plana i porta molta potència, de manera que causa molts problemes en la recepció per part de l'equip contrari.

- Situa't de cara al camp contrari i avança el peu contrari a la mà que colpejarà la pilota.
- Llança la pilota enlaire, a l'alçada del peu avançat
- Mentre la pilota és a l'aire, arqueja el cos cap enrere, gira les espatlles i "arma" el braç posant la mà darrere el cap.
- Estén tot el cos per colpejar la pilota, fins a quedar-te ben estirat. Posa la mà rígida per colpejar la pilota i tingues el braç completament recte.

SISTEMES DE RECEPCIÓ DEL SERVEI

A vegades, en començar un partit, els punts se succeeixen un darrere l'altre amb molta rapidesa perquè un equip té dificultats per rebre el servei. Si és el vostre cas, la solució passa per perfeccionar la vostra passada d'avantbraços i per entrenar un *sistema de recepció del servei*. Això és *la forma d'organitzar els jugadors d'un equip en el terreny de joc a l'hora de rebre el servei*. Els objectius són:

1. Que la pilota no toqui a terra.
2. Poder començar una jugada passant la pilota al col·locador.

Ah... i recorda! Els sistemes de recepció no han de ser posicions estàtiques, sinó que cada jugador ha de mostrar decisió i rapidesa a l'hora d'anar a cercar la pilota.

Recorda que...

Has d'animar i recolzar sempre els teus companys quan cometin algun error.

RECEPCIÓ EN W O EN 1 – 3 – 2

En aquest sistema, el *col·locador* se situa en *primera línia*, molt a prop de la xarxa. Els altres cinc jugadors es reparteixen la zona defensiva de la manera següent: tres formant una *segona línia* i dos formant una *tercera línia*. Aquests cinc dibuixen la forma de la lletra W en el camp. En aquest sistema el col·locador mai no rep i només ha d'estar pendent de la recepció de qualsevol dels altres cinc jugadors.

RECEPCIÓ EN SEMICERCLE

En aquest sistema, el col·locador també se situa a prop de la xarxa i tampoc no s'encarrega de rebre el servei. Els altres cinc jugadors se situen a la zona de defensa descrivint un semicercle.

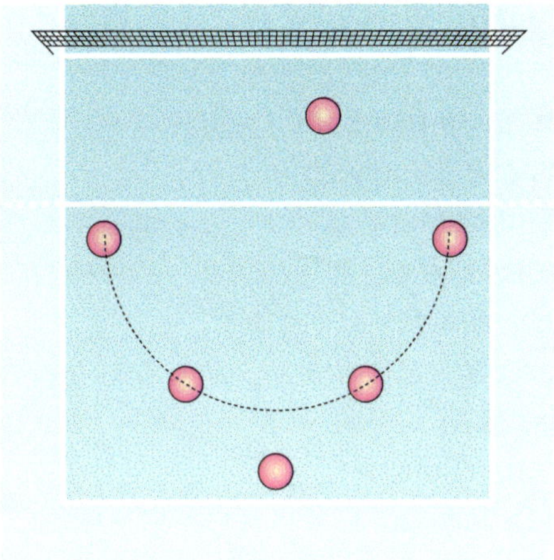

JUGAR EN ATAC I EN DEFENSA

Enhorabona! La vostra recepció va millorant i ja comenceu a construir jugades i a atacar. Sens dubte t'hauràs preguntat... hem de romandre tota la jugada col·locats en W o en semicercle? No, és clar que no. Aquests sistemes només s'empren per contrarestar el servei, després l'equip s'ha d'organitzar amb un **sistema de defensa** i un **sistema d'atac**. Els més emprats en l'aprenentatge són els següents:

3 – 1 – 2. Sistema en què la *primera línia* és formada per tres davanters que se situen molt a prop de la xarxa. La *segona línia* és integrada per un sol jugador situat just en el centre del terreny de joc. I una *tercera línia* és formada per dos jugadors que cobreixen el fons del terreny de joc.

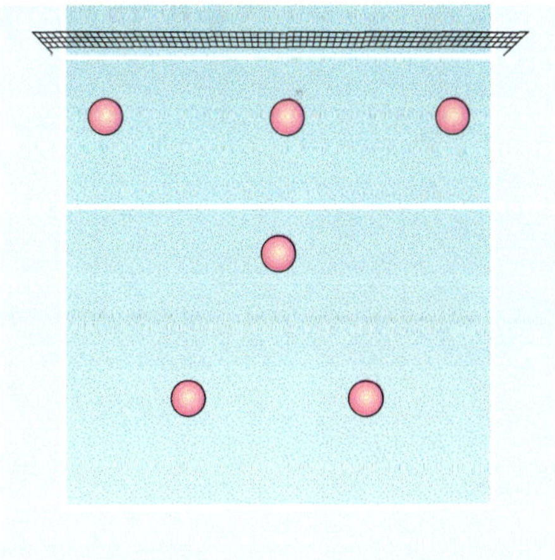

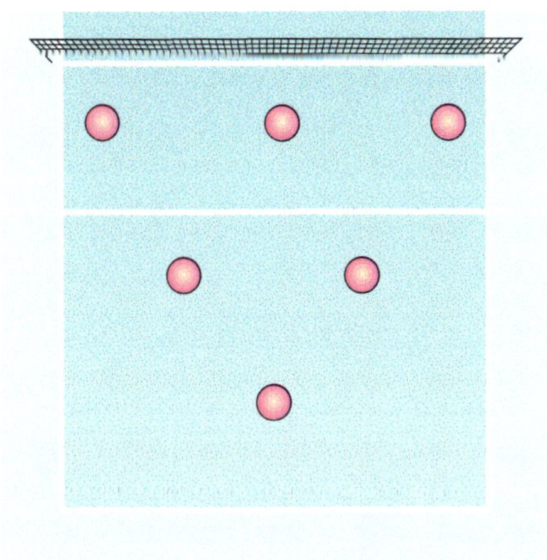

3 – 2 – 1. En aquest sistema la *primera línia* la formen igualment tres davanters. La diferència és que la *segona línia* la formen dos jugadors i la *tercera* un sol jugador que juga en el fons del terreny de joc.

SISTEMES DE JOC

- **Col·locador a torn**. És la manera d'organitzar-se més emprada pels que comencen a jugar al voleibol. El davanter que ocupa la posició 3 és el col·locador i s'encarrega de col·locar les pilotes als rematadors (zones 2 i 4) després de rebre una pilota d'un company. Cada vegada que s'efectuï una rotació, hi haurà un nou col·locador i dos nous rematadors.
- **Un col·locador – cinc rematadors**. Tenim un especialista en col·locar i durant tot el partit realitza aquesta funció. El teu professor t'indicarà quin lloc de la pista ha d'ocupar el col·locador cada vegada que comença una jugada per tal de no cometre una *falta de rotació*.
- **Dos col·locadors – quatre rematadors**. En aquest sistema de joc, tenim dos col·locadors, un situat en la primera fila i un altre en la segona.

SABIES QUE...?

- Com que moltes vegades els jugadors s'agenollen o es llancen en planxa per anar a colpejar la pilota, empren unes genolleres per protegir-se dels cops.
- El *block-out* és una argúcia que empren els rematadors que consisteix a rematar contra el bloqueig per aconseguir que la pilota surti rebotada fora de la pista. Això és el que significa literalment l'expressió: “bloqueig i fora”.
- El voleibol de platja és un esport que requereix una gran condició física, ja que, tot i jugar-se en un camp de sorra de 8 x 16 metres, només participen... dos jugadors per equip! Lògicament, la puntuació d'un partit és una mica més reduïda: es juguen dos sets a 21 punts i, si cal, un tercer i definitiu set a 15 punts.
- El *water-volei* és una nova modalitat de voleibol que ens ha arribat dels Estats Units. El joc consisteix a jugar a voleibol en una piscina poc fonda, en la que els jugadors toquen a terra amb els peus i així poden córrer i saltar. El seu origen cal cercar-lo en molts jugadors californians, que solien ficar-se en piscines que cobrien fins a la cintura per entrenar i enfortir les cames. D'aquesta manera sorgí la idea de realitzar partits de voleibol de 2 x 2... a l'aigua.

13 EL FUTBOL-SALA

EL FUTBOL-SALA

- ON ES JUGA?
- COM ES JUGA?
- QUÈ DIU EL REGLAMENT
  - Què pots fer
  - Què no pots fer
  - Serveis
- LA TÈCNICA
  - La conducció
  - La passada
  - El control
  - La protecció de la pilota
  - El driblatge
  - El tir o xut
- UN EQUIP DE FUTBOL-SALA
  - Sistema 2-2
  - Sistema 1-2-1
- JUGAR EN ATAC
  - Si tens la pilota
  - Si no tens la pilota
- JUGAR EN DEFENSA
  - La defensa individual

ON ES JUGA?

El futbol sala es juga en una pista de 20 x 40 m i amb dues porteries de 3 m d'amplada i 2 m d'alçada.

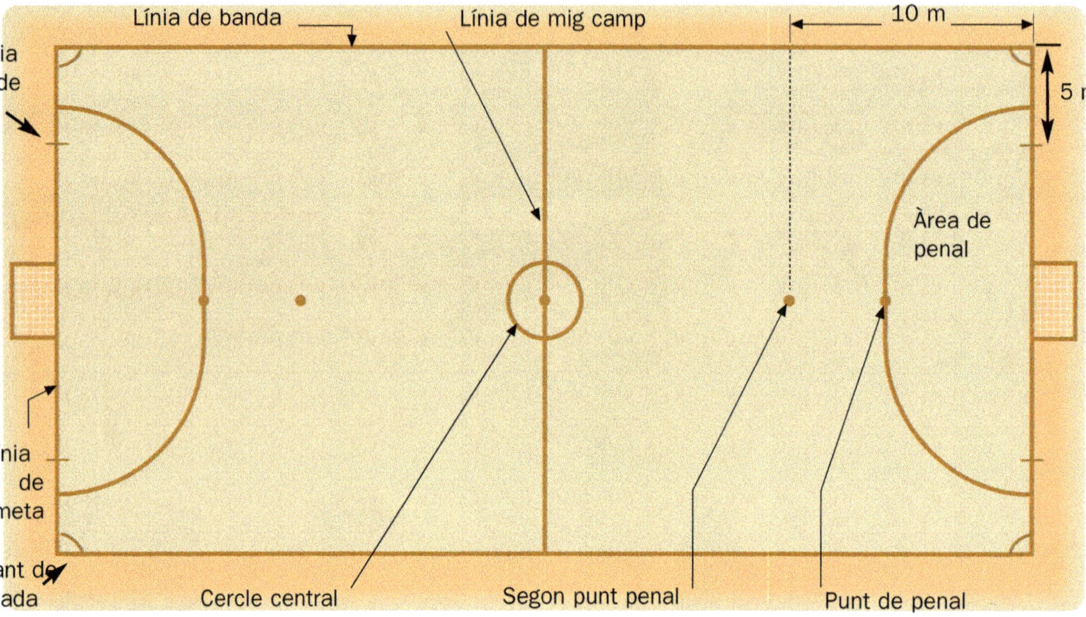

COM ES JUGA?

- **Jugadors**: cada equip el componen un màxim de 12 jugadors. Cinc juguen a la pista, un dels quals fa de porter.
- **Inici del partit**: previ sorteig, l'equip afavorit té dret a triar camp, i l'altre equip ha de realitzar el *servei de sortida* des del centre de la pista.
- **Desenvolupament del joc**: el joc consisteix a intentar introduir la pilota en la porteria contrària, usant els peus o qualsevol part del cos, excepte les extremitats superiors.
- **Puntuació**: s'aconsegueix un *gol* quan la pilota entra a la porteria i traspassa completament la línia de meta.
- **Qui guanya el partit?**: l'equip que hagi aconseguit més gols.
- **Duració**: dues parts de 20 minuts de *temps real* (es para el cronòmetre quan la pilota no és en joc).

Recorda que...

Guanyar mai no ha ser més important que millorar com a esportista i com a persona.

QUÈ DIU EL REGLAMENT?

ACCIONS QUE POTS FER

- Jugar la pilota amb qualsevol part del cos, excepte amb els braços.
- El porter pot sortir i jugar la pilota fora de l'àrea de penal.

ACCIONS QUE NO POTS FER

- Donar un cop de peu, fer la traveta, fer caure, carregar de manera violenta, subjectar, empentar un contrari.
- Jugar la pilota amb les extremitats superiors de manera intencionada.
- Aquestes faltes es castiguen amb un *xut lliure directe*, i s'anota una *falta acumulativa*. Pot aconseguir-se un gol xutant directament a porteria. Es xuta des del lloc on s'ha comés la falta. L'equip infractor té dret a formar una barrera a una distància de 5 metres de la pilota.
- Si aquestes faltes es cometen dins l'àrea de penal, seran castigades amb un *llançament de penal*.

EN EL CAS QUE ES REALITZIN LES SEGUENTS ACCIONS:

- Trigar més de quatre segons en efectuar un xut lliure, un servei de banda, de córner o de porteria.
- Retornar la pilota al porter quan aquest l'ha servida des de porteria, sense que abans no l'haguem recuperat d'un contrari o després d'un servei de banda, de córner o d'una falta.
- Totes aquestes incorreccions se sancionen amb un *xut lliure indirecte* a favor de l'equip contrari des del punt més pròxim on s'ha comès.

INFRACCIONS SANCIONABLES AMB UNA AMONESTACIÓ

- Ser culpable de conducta antiesportiva, desaprovar amb paraules o accions a l'àrbitre, infringir contínuament les regles, no respectar la distància de 5 metres en les sacades i tirs lliures i realitzar algun canvi sense el permís de l'àrbitre.
- Se sanciona el jugador infractor amb una targeta groga (amonestació) i s'anota *falta acumulativa*.

INFRACCIONS SANCIONABLES AMB UNA EXPULSIÓ

- Efectuar joc brusc greu, conducta violenta, impedir amb mà intencionada un gol o una oportunitat manifesta de gol, emprar llenguatge o gesticular de manera ofensiva i grossera.
- Rebre una segona targeta groga en el mateix partit.
- Se sanciona el jugador infractor amb una *targeta vermella* (expulsió) i s'anota *falta acumulativa.*
- Un jugador podrà substituir el jugador expulsat una vegada transcorreguts dos minuts efectius després de l'expulsió, llevat de si es marca un gol abans que transcorrin els dos minuts.

Recorda que...

L'esport no té perquè interferir en els teus estudis. Programa't bé el lleure i veuràs com trobes temps per a tot.

FALTES ACUMULATIVES

- Quan l'àrbitre assenyala una sisena *falta acumulativa* d'equip, totes les faltes que se sancionen amb un xut lliure passen a sancionar-se des del punt de *doble penal*. Si la falta s'ha produït més a prop de la porteria que aquest punt, el jugador pot triar entre els dos. Si s'ha comès dins l'àrea de penal, es llança un penal. Totes aquestes faltes es llancen sense dret a barrera per part de l'equip contrari.

SERVEIS

Servei de banda. Quan un equip envia la pilota fora del camp per les línies laterals, servirà de banda un jugador de l'altre equip. El servei s'efectua amb el peu, posant la pilota al damunt de la línea.

Servei de córner. Quan un jugador defensor o el porter envien la pilota fora del camp per la línia de meta, excepte la porteria, on lògicament seria gol. Serveix un jugador atacant des de la cantonada més pròxima al lloc de sortida de la pilota. També s'efectua amb el peu.

Servei de porteria. Quan un equip atacant envia la pilota fora del camp per la línia de meta, excepte la porteria. El porter de l'equip defensor és qui posa de nou la pilota en joc. Ha de llançar la pilota amb la mà des de qualsevol punt de l'àrea de penal i no la pot tocar cap company fins que no sigui fora d'aquesta àrea.

QUINA ÉS LA TÈCNICA?

La majoria d'accions tècniques d'aquest esport són iguals que les del futbol, ja que la pilota pot jugar-se amb tot el cos excepte amb les extremitats superiors.

Amb tot, comprovaràs que les sensacions són bastant diferents: la pilota és més petita, pesa menys i bota menys a terra. A més, també el terreny de joc i la porteria són molt més petits. Tot plegat fa que el futbol sala sigui un esport diferent i, per descomptat, apassionant.

Per començar, fixa't en les parts del peu que usaràs per manejar la pilota:

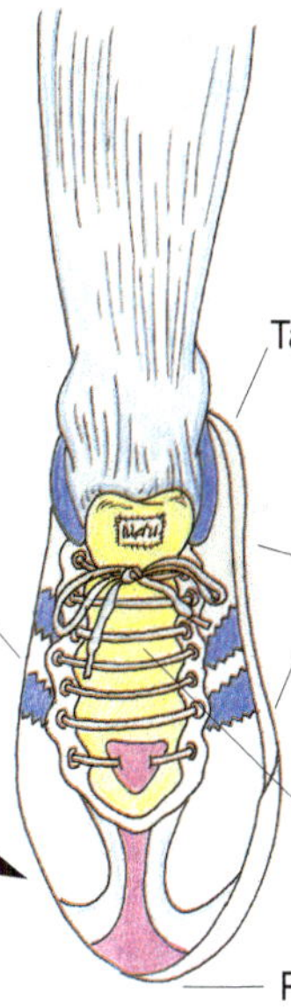

LA CONDUCCIÓ DE LA PILOTA

És l'acció que consisteix a desplaçar-se portant controlada la pilota als peus, sense que la perdem o s'allunyi massa.

- Per conduir la pilota pots emprar tant l'empenya, com l'interior, l'exterior i també la planta dels peus. No usis mai la punta, perquè la pilota s'allunyarà dels teus peus i la perdràs.
- A causa de les dimensions reduïdes del terreny de joc i, per tant, a la proximitat dels adversaris, has de conduir la pilota molt a prop dels teus peus.
- Intenta no mirar massa la pilota. Aixeca el cap i no perdis la visió del joc.

LA PASSADA

És l'element tècnic que consisteix a enviar la pilota a un company. Gràcies a les passades, un equip pot elaborar les seves jugades d'atac i donar velocitat a la pilota.
Una passada es pot realitzar amb qualsevol part del peu, fins i tot amb la planta i el taló. També es pot fer amb el pit o amb el cap.

PASSADA AMB L'INTERIOR DEL PEU

És la passada que et recomanem fonamentalment, ja que és molt més precisa que les altres. Fixa't com l'has de realitzar:

- Tingues la cama de recolzament, la que no xuta, a una distància pròxima a la pilota, amb la punta del peu mirant cap on la vols passar.
- Passa! Gira la cama que xuta per colpejar la pilota amb la part interior del peu.

EL CONTROL DE LA PILOTA

Consisteix a saber parar la pilota perquè quedi controlada als nostres peus. És una acció imprescindible si es vol jugar en equip, ja que sense un bon control, es perd la possibilitat de jugar la pilota.

LA PROTECCIÓ DE LA PILOTA

Recorda que en els esports d'equip, tenir la pilota significa atacar... i perdre-la significa defensar.
A causa de la proximitat dels adversaris, el jugador de futbol sala ha d'assegurar-se que no li robin la pilota quan la porta controlada als seus peus. Per això cal protegir-la atentament davant la pressió del defensa.

- Posa el teu cos entre el defensa i la pilota.
- Allunya la pilota del teu peu de recolzament i controla-la amb la planta del peu, movent-la en funció dels moviments del defensa.
- Aixeca el cap per cercar alguna passada, o per escapar-te ràpid cap a un costat o altre.

EL DRIBLATGE

És l'acció que ens serveix per superar un contrari, per escapar-nos-en. S'usen moviments ràpids i fintes per aconseguir-ho.

EL TIR O XUT

És l'element tècnic que culmina una jugada d'atac i que té com a objectiu aconseguir un gol.

El jugador ha de posseir, a part de la seva tècnica, factors importants com decisió, intuïció, capacitat per sorprendre el porter i, sobretot, afany de gol.

El xut es pot realitzar amb qualsevol part del peu, en funció de la nostra situació en la pista, de la situació dels defenses, del porter, etc.
A continuació t'ensenyarem tres tirs que et poden ser molt útils en la pràctica d'aquest esport.

El xut amb l'empenya. Amb ell podem xutar amb potència i col·locació.

- Col·loca la cama de recolzament al costat de la pilota, amb la punta assenyalant l'objectiu.
- Impulsa fort amb la cama i, amb els dits mirant a terra, xuta la pilota amb l'empenya.

El xut de puntera. Quan no tinguis espai ni temps per agafar impuls per xutar, et serà molt útil el xut amb la punta del peu. L'avantatge d'aquest xut és que és molt sorprenent i la pilota surt amb molta potència. El desavantatge és que, pel fet d'emprar la punta del peu, és difícil obtenir una bona precisió.

- Posa el peu i el turmell molt rígids, com si fos un bloc.
- Impulsa tota la cama endavant amb la màxima potència i impacta amb la punta al mig de la pilota.

Xut amb l'interior. En haver de colpejar la pilota amb l'interior del peu, no es tracta d'un xut de molta potència, sinó que cerca, abans que res, precisió i col·locació.

COM ÉS UN EQUIP DE FUTBOL-SALA?

En un partit de futbol sala, en què s'enfronten, exceptuant els porters, quatre jugadors contra quatre, cal que aquests es distribueixin en posicions diferents en el terreny de joc. De la mateixa manera que has d'aprendre a realitzar tots els gests tècnics del futbol sala, també és molt important que juguis en totes les posicions d'un equip.

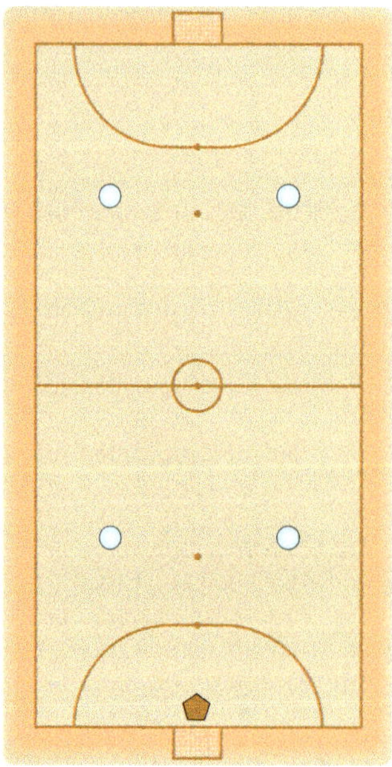

Quan es parla de situar els jugadors en posicions diferents, es parla d'un sistema. Un **sistema de joc** *és la manera en què un equip organitza els seus jugadors en el camp*. En un sistema de joc, cada jugador ocupa un lloc de referència en la pista.

SISTEMA 2 – 2

És el sistema de joc que empren els equips que s'inicien en aquest esport. Consisteix a col·locar dos jugadors a darrere, *defensa dret i defensa esquerre*, i dos jugadors a davant, *atacant dret i atacant esquerre*.

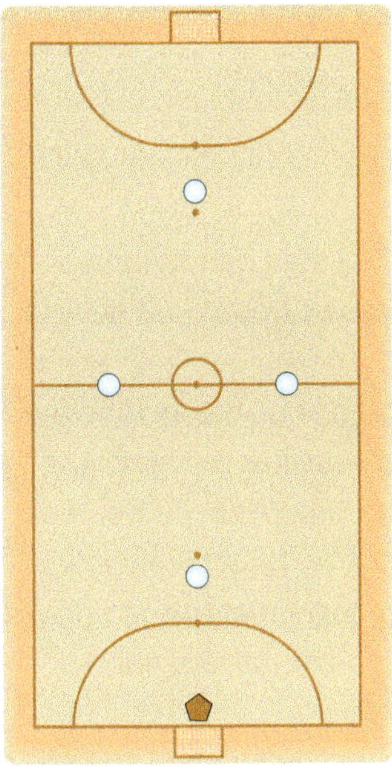

SISTEMA 1 – 2 – 1

És un sistema emprat per jugadors amb un nivell més avançat i es caracteritza per disposar els jugadors formant un rombe. El jugador més endarrerit és el *defensa de tancament*. En els laterals es col·loquen els *ales* i, com a jugador més avançat i més proper a la porteria contrària, el *pivot*.

JUGAR EN ATAC

SI TENS LA PILOTA...

- Si ets a prop de la porteria i cap defensa no et cobreix, xuta!
- Si ets lluny de la porteria, condueix la pilota en direcció a ella. Aixeca el cap per veure millor les passades possibles als teus companys.

SI NO TENS LA PILOTA... DESMARCA'T!

El desmarcatge permet als jugadors alliberar-se de la defensa d'un contrari i, d'aquesta manera, poder rebre la pilota. Moltes vegades els vuit jugadors de pista es concentren en mig camp –20 x 20– i es fa difícil rebre una passada i poder construir una jugada. Per això és molt important saber *desmarcar-se... per rebre*. Et donem algunes solucions per aconseguir-ho:

FINTA DE RECEPCIÓ

Serveix per enganyar el defensa i poder rebre la passada d'un company.

- Davant la pressió d'un defensa, fes-li creure que corres en una direcció.
- Canvia sobtadament de ritme i de direcció per poder rebre la pilota.

ELS TALLS

Són uns desplaçaments llargs que fan els jugadors per desmarcar-se i trobar una posició bona per xutar.

- Primer, fes una finta per enganyar el defensa.
- Després, corre a tota velocitat en direcció a porteria i intenta rebre una passada del teu company. Si cal, aixeca un braç per indicar-li-ho. En funció de com hagis realitzat la finta, pots *tallar* per davant o per darrera del teu defensor.
- Perquè un tall tingui èxit, és necessària una bona sincronització dels dos jugadors: un que realitzi bé el tall i l'altre que sigui capaç de passar la pilota en el moment precís.

JUGAR EN DEFENSA

LA DEFENSA INDIVIDUAL

Com ja saps d'altres esports, és el tipus de defensa en què cada jugador es responsabilitza de marcar un jugador contrari. Es tracta d'una defensa adequada per començar a jugar a futbol sala. Fixa't com es realitza:

Defensar el jugador que té la pilota. És fonamental defensar-lo correctament, ja que, en tenir la pilota, es converteix en el jugador més perillós.

- Has de col·locar-te en línia, entre l'atacant i la porteria, per evitar un xut directe.
- Intenta prendre-li la pilota o impedir la passada, sense cometre falta.

Defensar el jugador que no té la pilota. Si el jugador que marques no té la pilota, has d'aprendre a **defensar en triangle**. Tingues en compte les indicacions següents:

- Has de formar un *triangle* entre tu mateix, l'atacant i la pilota. D'aquesta manera, pots defensar el teu atacant i també *ajudar* el teu company si se li ha escapat el jugador amb la pilota.
- No perdis de vista ni el jugador ni la pilota..

Sabies que...?

- El futbol sala s'originà a Uruguai l'any 1930. Aquest mateix any, Uruguai guanyà el Campionat Mundial de Futbol, fet que provocà tal entusiasme en el país, sobretot en els nens, que hom cerca una solució per poder jugar a futbol tot l'any en recintes coberts i més petits. Així va néixer el futbol sala, si bé el seu primer reglament es va redactar a Brasil l'any 1949.

- A molts països es juga al futbol 2 x 2, parent llunyà del futbol sala. Aquest esport consisteix a jugar en una pista de 10 x 5 metres, totalment tancada i amb porteries molt petites. En no haver-hi fora de banda ni de fons, es converteix en un esport de gran intensitat.

- Els porters han d'aturar xuts a porteria que són autèntics "obusos", a més de tenir la valentia i el coratge de llançar-se a parar qualsevol pilota. Per això, porten una mena de conquilla per protegir-se els genitals.

Recorda que...

No siguis massa individualista. Recorda que el futbol sala és un esport col·lectiu i que la pilota circula més ràpid fent passades.

14 ELS JOCS I ESPORTS ALTERNATIUS

ELS JOCS I ESPORTS ALTERNATIUS

- QUÈ SÓN?
- LA INDIACA
  - Les passades
  - Un partit
  - El Shuttleball
- EL FRISBEE
  - Llançament de distància
  - Llançament de precisió
  - L'Ultimate
- EL PREBEISBOL
- LES PALES
  - Les passades
  - Amb bot
  - Pala càntabra
- EL FUT-VOLEI
- LES XANQUES
- JOCS MALABA
  - Masses
  - Pompons
  - Diàbolo
  - Pals del dia

QUÈ SÓN ELS JOCS I ESPORTS ALTERNATIUS?

Aquests termes, dins l'àmbit de l'Educació Física, abasten un ampli ventall de possibilitats d'activitats físiques, que tenen les característiques següents:

- Tenen un caràcter recreatiu, és a dir, de diversió.
- Tenen regles simples, que en moltes ocasions poden ser pactades pels mateixos jugadors.
- Es practiquen amb materials no convencionals.
- En la majoria dels casos, es realitzen en instal·lacions improvisades.

Darrerament s'han incorporat a l'Educació Física una sèrie de materials que també podríem denominar alternatius i que permeten la pràctica de molt jocs i esports.
En aquest tema te'n presentarem alguns.

LA PILOTA INDIANA O INDIACA

Originària del Brasil, antigament la pilota indiana es feia amb un saquet ple de sorra, lligat per la seva part superior, al qual s'hi incrustaven unes plomes. Actualment és una espècie de bola de goma escuma, més pesada per la seva part inferior, a la que s'hi adhereixen unes plomes sintètiques per la part superior. Per això, la indiaca sempre té tendència a caure per la part inferior.
El cop es pot donar de maneres diferents:

- Amb les mans.
- Amb qualsevol part del cos.
- Amb una pala o raqueta.

MODALITATS DE JOC

Inicialment, amb la pilota indiana podem plantejar-nos **diverses possibilitats de joc**:

LES PASSADES. Aconseguir el major nombre possible de **passades** amb un company o companya. Intentarem passar la indiaca en les millors condicions possibles al company, amb una paràbola alta perquè pugui tornar-la sense dificultat. No cal delimitar cap terreny de joc.

UN PARTIT. Podem triar les regles:
- Jugar individualment o per equips de 2, 3... fins a 6 jugadors.

- Delimitar un terreny de joc d'una mida que dependrà del nombre de jugadors que haguem acordat. A la meitat del camp hi situarem una xarxa.
- Podem jugar a donar 1, 2 o 3 tocs. Fins i tot podem decidir com a norma que tots els jugadors l'han d'haver tocada almenys un cop.
- Pel que fa a la puntuació, també cal pactar-la prèviament.
- I si volem fer-ho més senzill... podem jugar amb les mateixes regles que el voleibol.

Recorda que...

En acabar la classe d'Educació Física, no hem d'oblidar recollir el material que hem emprat.

El *SHUTTLEBALL*. Es tracta d'un esport que es juga amb pales, de regles similars al bàdminton. L'objectiu és que la pilota indiana caigui en el camp contrari i que l'adversari no la pugui tornar. Cada vegada que s'aconsegueix se suma un punt. Si la pilota cau dins dels quadres bonificats (situats en els extrems del camp), s'aconsegueixen tres punts. La diferència principal radica en l'existència de dues xarxes paral·leles en el centre, separades 5 metres entre si, que delimiten una "zona morta".

EL PLAT VOLADOR O *FRISBEE*

L'origen del plat volador o *frisbee* és curiós, ja que es relaciona amb *William Russell* **Frisbee**, un pastisser nord-americà de qui prengué el nom vers el 1871. Sembla ser que després de menjar-se els pastissos, els seus treballadors jugaven llançant-se els motlles.

Actualment, el *frisbee* és un disc de plàstic, que pot ser de qualitats diverses, d'un diàmetre aproximat de 25 cm i un pes d'uns 150 grams.

La característica principal del *frisbee* és el **gir**. El disc s'ha de llançar amb una mà i fer que planegi, girant a l'aire sobre si mateix. La trajectòria que seguirà dependrà de la manera com el llancem, de com l'agafem o de la força que li imprimim en llançar-lo.

MODALITATS DE JOC

INDIVIDUAL

- Llançament de distància. Intentar que el *frisbee* vagi tan lluny com sigui possible.
- Llançament de precisió. Fer "passades" de *frisbee* a un company o companya.

COL·LECTIU

El joc d'equip més conegut amb el plat volador és l'***Ultimate***:

- Es tracta d'una competició entre *dos equips de set jugadors/es* cadascun, on no és permès el contacte corporal. L'*objectiu* és avançar, mitjançant passades del disc entre els jugadors de l'equip fins a marcar un gol a l'equip contrari.
- En principi, el *terreny de joc* amida 100 metres de llargada per 37 d'amplada (si bé pot adaptar-se en funció de l'espai de què es disposi) i és dividit en tres zones: la zona central i dues zones de gol a cada extrem.
- S'aconsegueix un gol quan un jugador de l'equip atacant rep el disc, dins de la zona de gol de l'equip contrari. Guanya l'equip que més gols aconsegueixi.
- La durada del partit és de dos temps de 25 minuts, però es pot variar.

EL PREBEISBOL

Es tracta d'un joc adaptat del beisbol. Mentre que en el cas del beisbol o en el softbol (beisbol femení) la pilota es llança perquè el batedor la colpegi, en el cas del joc que us proposem, la pilota roman estàtica damunt un suport ("*batintí*"). Així la batada es realitza més fàcilment.

QUIN MATERIAL NECESSITEM?

- Un bat, que pot ser de goma escuma o de plàstic.
- Una pilota. L'ideal és que sigui de goma escuma, perquè no faci mal.
- Un suport per aguantar la pilota.
- Guants per a la recepció. No són imprescindibles, però faciliten la recepció de la pilota.

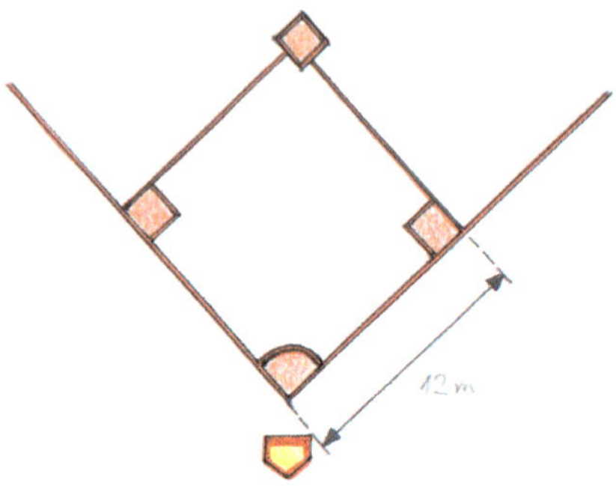

QUINES EN SÓN LES NORMES?

El terreny de joc: podem jugar a la pista del centre escolar, aprofitant una de les cantonades. Cal delimitar un quadrat de 12 m de costat. En cadascun dels vèrtex del quadrat hi situarem la meta, la primera, la segona i la tercera bases. Aquest quadrat es coneix com "diamant". Per fora d'ell, el terreny de joc continua amb el que es coneix com quadrat exterior o "jardí".

Com es col·loquen els jugadors?: el jugador que bat es col·loca darrera el vèrtex de meta. Els jugadors que defensen es distribueixen pel terreny de joc. Just al costat de cada base s'hi col·loca un defensor.

Desenvolupament del joc: el batedor, després de colpejar la pilota, ha d'intentar recórrer totes les bases fins arribar a la meta.
Per això ha d'intentar enviar la pilota tan lluny com sigui possible per tal que els defensors triguin força estona en recuperar-la i passar-la al defensor de la base cap a on va el corredor.
Si la pilota arriba a la base abans que el corredor, aquest queda eliminat. Si no, se salva i pot continuar corrent quan bati el següent company. Han de batre tots els components de l'equip.

Resultat final: l'equip que, un cop tots els seus components hagin batut, aconsegueixi més corregudes completes, és el guanyador.

I SI NO TENIM MATERIAL...

També podem jugar sense gairebé cap material. Només necessitem una pilota d'escuma o, fins i tot, una pilota de voleibol.
Un company passa la pilota al batedor, que la colpeja amb el puny i seguidament corre intentant arribar a les bases.
En la zona central del terreny, l'equip que defensa hi situa un jugador al qual, mitjançant passades dels seus companys, ha d'arribar la pilota.
L'objectiu és aconseguir recórrer totes les bases abans que la pilota arribi a la zona central, on és situat el defensor. Si la pilota hi arriba abans que el corredor assoleixi una base, aquest és eliminat.
El sistema de puntuació és el mateix, és a dir, es comptabilitza el nombre de corregudes completes de cada equip.

LES PALES

Estem segurs que has jugat a pales més d'una vegada. A la platja, a la muntanya, a la pista del teu centre, el simple fet de passar-nos una piloteta, donant-li cops amb unes pales de fusta, es converteix en una activitat molt divertida.

MODALITATS DE JOC

LES PASSADES

Podem jugar-hi de manera individual o per parelles. Es tracta d'un joc de cooperació, en què l'objectiu és aconseguir el màxim nombre de passades possible. Podem jugar amb variants diverses:

- Amb un bot entremig, per facilitar la devolució.
- La "pala càntabra", on un dels dos colpeja fort la pilota (picador) i l'altre (parador) la torna ben col·locada perquè el picador la torni a colpejar.

CONTRA LA PARET

Es juga com el frontó, fent que la pilota reboti a la paret. L'altre pot deixar-la botar a terra abans de picar-la.

JOC DIRECTE

Pot jugar-se individualment o per parelles. Els jugadors es col·loquen davant per davant dins una àrea determinada. Les àrees respectives estan separades per una "zona morta". L'objectiu és colpejar la pilota perquè toqui a terra en l'àrea contrària i l'adversari no la pugui tornar. Podem deixar que boti una vegada dins l'àrea abans de colpejar-la. En aquest cas podrem sortir de la nostra àrea per evitar que torni a botar.

EL FUT-VOLEI

Es tracta d'un joc originari del Brasil, que va néixer com una alternativa al futbol i al voleibol, i que cada vegada guanya nous adeptes.
Es tracta de jugar a voleibol... però sense emprar els braços ni les mans. Podem jugar amb les cames, els peus, el cap o el cos.
Per jugar-hi, podem usar les mateixes regles que en el voleibol tradicional (servir des de darrere la línia de fons, un màxim de tres tocs per jugada...).

Si volem facilitar el joc, podem introduir la norma de permetre que la pilota pugui fer un bot intermedi abans de colpejar-la amb el peu.

També podem variar el nombre de jugadors, les mides del camp i totes les normes que vulguem per tal d'aconseguir gaudir el fut-volei. Ho vols provar? Veuràs com n'és de divertit!

LES XANQUES

La història de les xanques és molt antiga. Es remunta a bastants segles, quan s'empraven per creuar rierols i zones d'aiguamolls.

Probablement també van ser usades per a tasques del camp, fonamentalment per collir la fruita dels arbres.

Aquest costum antic ha quedat com a llegat cultural en moltes contrades i no és estrany trobar persones damunt de xanques com una mena de diversió o com a part de les festes tradicionals.

Hi ha molts tipus de xanques: més curtes, per facilitar l'equilibri, més llargues, xanques que es poden agafar amb les mans per la part superior...

Fins i tot podem construir, amb llaunes, cordes i altres materials, unes xanques casolanes amb què passar una estona divertida.

ELS JOCS MALABARS

Els jocs malabars s'han practicat des de sempre. Es tracta de desenvolupar l'habilitat de manejar amb soltesa i enginy alguns elements o materials. Podem realitzar jocs malabars amb masses, amb pilotes o pompons, amb el diàbolo, amb els "pals del diable"...
Al començament sembla complicat, però amb una mica de pràctica... veuràs com en resulta de fàcil!

Recorda que...

Tots els jocs i esports, per alternatius o minoritaris que siguin, mereixen el nostre respecte i reconeixement. Encara que no surtin en els mitjans de comunicació i el "gran públic" els desconegui.

SABIES QUE...?

- Des de fa uns anys, es va estenent la pràctica de l'aeròbic de platja. Es tracta d'una pràctica multitudinària que cerca més la diversió, passar-s'ho bé, que no pas la realització d'un entrenament.

- Hi ha malabaristes que són capaços de mantenir a l'aire fins... a 12 cèrcols! Increïble!

- El 1967 es va crear la *Federació Olímpica del Frisbee*, organització que té com a objectiu aconseguir que els esports que es practiquen amb el plat volador (com l'*ultimate*, del que abans t'hem parlat) arribin a ser algun dia esports olímpics.

- A més del voleibol de platja, actualment hi ha competicions d'handbol o de futbol sala que també es fan a la platja. Són competicions que es realitzen amb un reglament adaptat, que no tenen un caràcter oficial, però... "temps al temps".

Recorda que...

Has d'intentar gaudir la pràctica esportiva que realitzis, per damunt del desig de guanyar.

ATLES VISUAL:
l'unihoquei

És un esport col·lectiu on els jugadors, utilitzant un **estic,** colpegen una **bola** amb l'objectiu d'aconseguir introduir-la dins de la porteria de l'equip contrari (**gol**).

- **Terreny de joc**: és un rectangle de 20 x 40 m, amb unes porteries de 115 cm d'altura per 160 d'amplada.
- **Jugadors**: cada equip té 5 jugadors, més el porter.
- **Inici del partit**: servei neutral en el centre del camp.
- **Durada**: dos temps de 20 minuts.
- **Falta (F):** és una infracció que se serveix des del lloc on s'ha comés.
- **Penalti (P)**: és una infracció que se serveix des del centre de la pista. El jugador pot còrrer amb la bola cap a la porteria contrària.

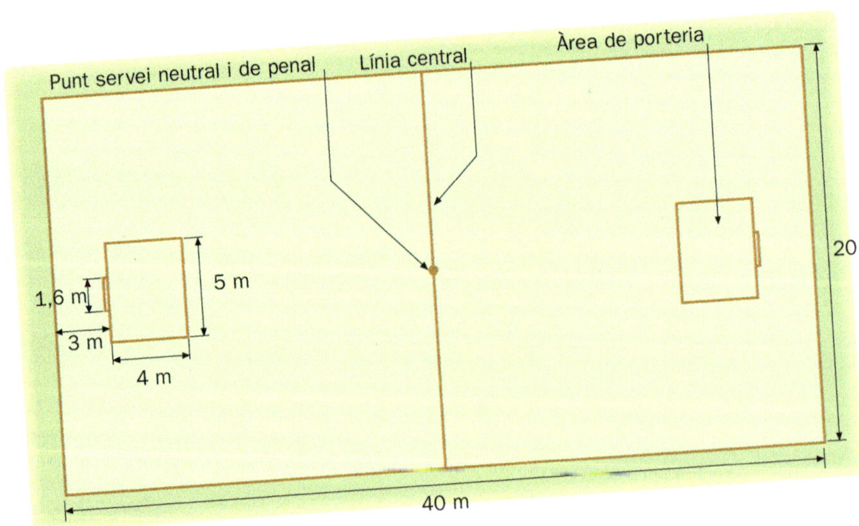

ES PERMET...

- Colpejar la bola amb tots dos costats de l'estic.
- Aturar la bola amb el peu, però tan sols una vegada.
- Introduir l'estic dins l'àrea de porteria quan la bola estigui a dins.
- Circular per la zona del darrere de les porteries.
- El porter pot tocar la bola amb totes les parts del seu cos.

NO ESTÁ PERMÈS...

- Aixecar l'estic més amunt de la cintura o llençar-lo a terra (F).
- Colpejar l'estic del contrari o posar-lo entremig de les seves cames (F).
- Passar o fer gol amb el peu (F).
- Entrar dins l'àrea de porteria quan es defensa (P) o quan s'ataca (F).
- Empènyer, agafar i fer la traveta (P).
- Impedir una ocasió clara de gol fent una infracció (P).
- Estar a menys de 3 m de distància de la bola en qualsevol servei.

Tal com vas estudiar en cursos anteriors, l'ésser humà té la necessitat d'emprar el seu propi cos per expressar-se. Sovint ho fa mitjançant gestos espontanis, que indiquen el seu estat d'ànim, d'una manera completament natural.

Altres vegades usa altres tècniques apreses. Algunes d'elles ja te les vam exposar en el llibre del primer cicle. Ara te'n presentarem unes altres, les que empren la música com a mitjà per canalitzar la forma d'expressió.

Sempre ha estat així. Els homes primitius ja dansaven al voltant de fogueres. En tenim constància pels gravats rupestres que ens van deixar com a llegat. I la música era emesa per instruments de percussió rudimentaris i per les pròpies veus.

Al llarg del temps, els instruments –i la música– han anat evolucionant i d'aquelles danses primitives hem passat a altres tipus de ball, adaptats als gustos actuals. En les properes pàgines en podràs conèixer alguns.

3

UNITAT

EXPRESSIÓ CORPORAL

15 LA MÚSICA I L'EXPRESSIÓ

LA MÚSICA I L'EXPRESSIÓ

- **ELS BALLS DE SALÓ**
  - Els beneficis de practicar els balls de saló
  - Els balls estàndard
  - Els balls llatins
- **L'AERÒBIC**
  - Els beneficis de practicar aeròbic
  - La intensitat de l'aeròbic
  - La coreografia de l'aeròbic
    - Els passos bàsics

La música està de moda. Avui en dia podem trobar multitud d'activitats físiques que poden realitzar-se al ritme de la música.

També en les classes d'Educació Física en podem practicar moltes. En vols conèixer algunes? Llegeix amb atenció les que et proposem a continuació i... a moure't!

ELS BALLS DE SALÓ

Els balls de saló tenen un origen incert. Sembla que, en un començament, es tractava de danses tradicionals i folklòriques que van anar evolucionant al llarg del temps.

Alguns d'ells van rebre també la influència dels balls de màscares que s'organitzaven en la cort del rei de França, Lluís XIV.

Sigui com sigui, els balls de saló han arribat als nostres dies i formen part de gran quantitat de festes populars, manifestacions artístiques i fins i tot exhibicions de caràcter professional.

Els balls de saló són danses, ballades habitualment en parella, basades en uns passos bàsics (moviment fonamental que es va seguint durant tot el ball), entremig dels quals es van intercalant una sèrie de "figures" (passos diferents, més espectaculars, com un dibuix o figura). Tots es van encadenant fins a completar una coreografia completa.

ELS BENEFICIS DE PRACTICAR BALLS DE SALÓ

- Es tracta d'un exercici d'intensitat baixa, però molt complet.
- A més de treballar la resistència aeròbica, també desenvolupa la coordinació de moviments.
- Tonifiquen l'aparell locomotor (músculs i articulacions).
- Són divertits i poden realitzar-se amb amics i amigues de qualsevol edat i condició física.

QUINS BALLS DE SALÓ HI HA?

Els balls de saló es poden dividir en dues modalitats:

Balls estàndard	Balls llatins
Vals anglès	Samba
Tango	Txa-txa-txa
Vals vienès	Rumba-bolero
Foxtrot	Pasdoble
Quickstep	Jive

Modalitat estàndard

Modalitat llatins

A continuació te n'explicarem alguns. A més d'una història breu dels seus orígens més probables, també hi trobaràs un esquema amb els passos bàsics. Estàs preparat?

Doncs comença't a moure perquè ja sona la música a la pista de ball...

◆ **El tango**: ball popular argentí. És un dels balls de saló més espectaculars. Hi ha diverses versions de l'origen del tango. Alguns l'atribueixen als gitanos espanyols, que l'haurien portat a Argentina; i altres, al Carib. A partir de 1912, s'introdueix a Europa, si bé una mica descafeïnat, perquè perd el seu origen ravaler i, per tant, el caràcter captivador i sensual del seu inici.

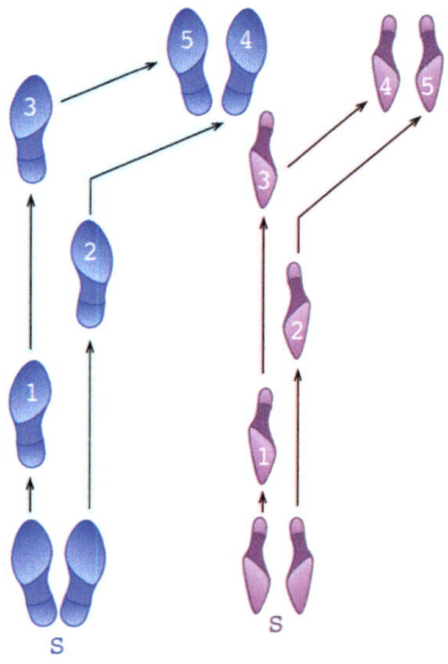

Tango

Vals vienès

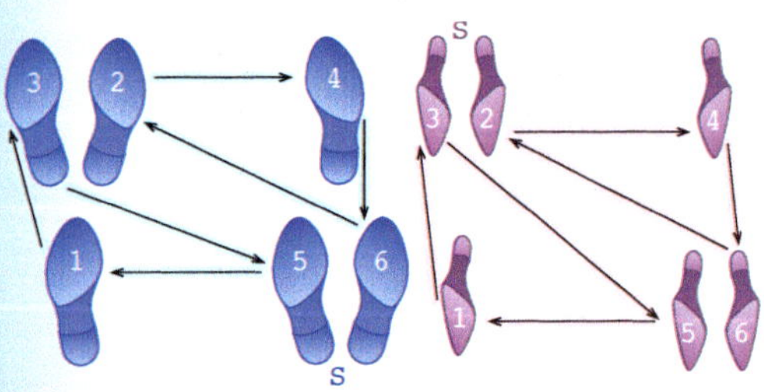

◆ **El vals vienès**: és un dels balls més antics. No hi ha coincidència en quant al seu origen. Uns l'atribueixen a una dansa del segle XVIII, anomenada *Ländler*, que ballaven els pagesos d'Àustria i del sud d'Alemanya.

Altres, a una dansa italiana de fa més de quatre segles, anomenada *Volte*.

El seu màxim esplendor es produeix en el segle XIX a Viena, ciutat que introduí el vals com a ball de societat per tota Europa.

◆ **El foxtrot**: és el ball modern americà per excel·lència. Les seves arrels es troben a Estats Units i en la música jazz de 1912. Va arribar a Europa després de la Primera Guerra Mundial, amb les primeres bandes musicals de jazz.

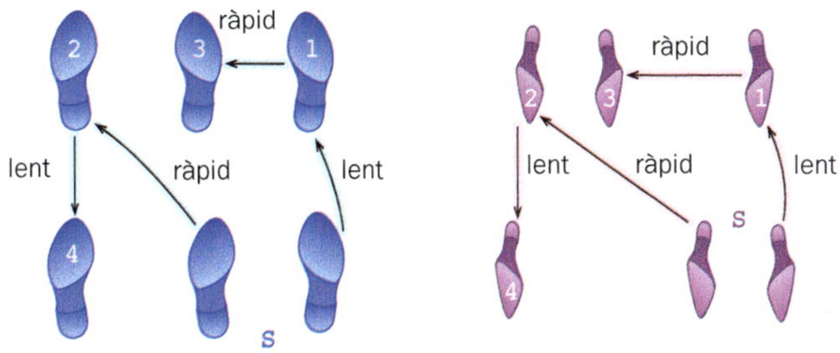

Foxtrot

◆ **El txa-txa-txa**: es tracta d'un ball cubà derivat del mambo. El nom que rep aquest ball correspon al soroll que feien les noies antillanes quan picaven a terra amb les sabatilles. Es va fer molt popular en la dècada de 1950.

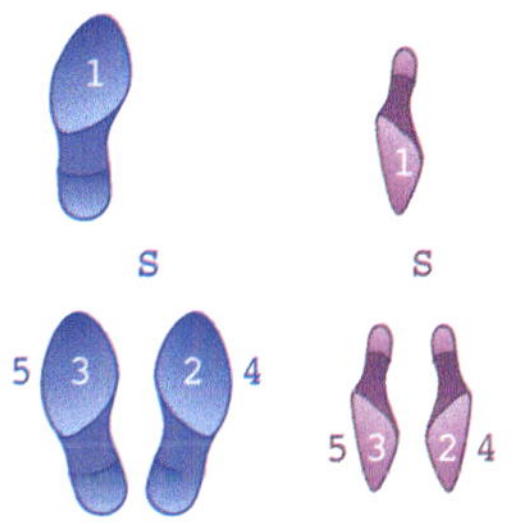

Txa-txa-txa

◆ **La rumba bolero**: és un ball que, com el seu nom indica, combina la rumba (ball que els esclaus africans van portar a Cuba en el segle XVI) i el bolero (introduït pels espanyols a Cuba a mitjan segle XIX).

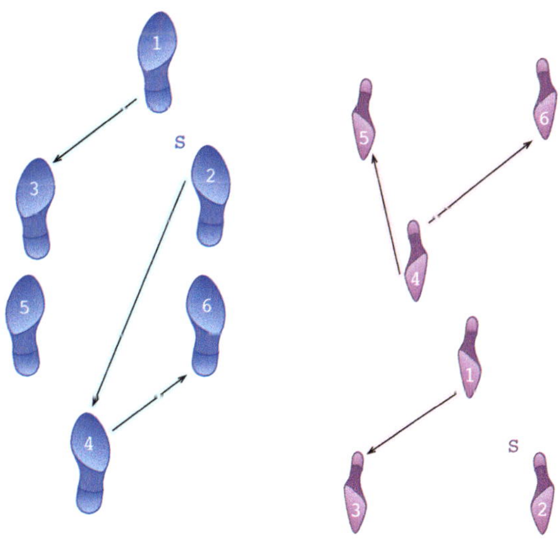

Rumba-bolero

◆ **El pasdoble**: és un ball típic espanyol, tot i que probablement és d'origen francès. En principi era una marxa militar, però des de sempre ha estat relacionat amb la tauromàquia. De fet, molts dels passos d'aquest ball s'inspiren en els moviments dels toreros.

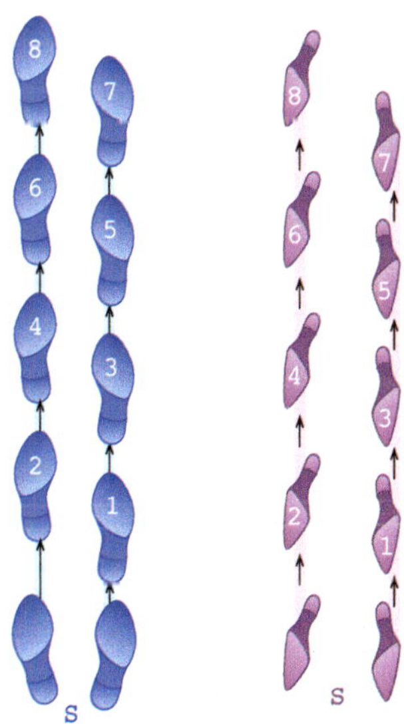

Pasdoble

A més d'aquests balls, que pertanyen al ball de saló esportiu, n'hi ha d'altres de molt coneguts, com són:

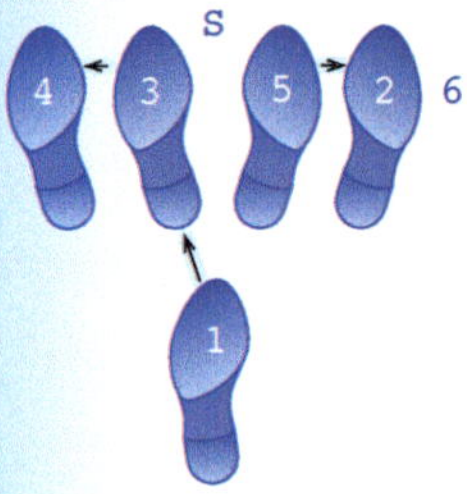

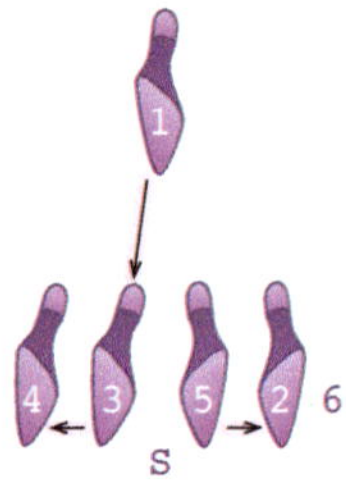

Rock and roll

◆ **El rock (and roll)**: és alhora música i ball i sorgí a Amèrica del Nord en la dècada de 1950. *"Rock and roll"* significa "balancejar-se i voltar", i aquesta expressió ja ho diu tot.
Cantants com Elvis Presley, Bill Haley i Jerry Lee Lewis van emprar aquest tipus de música com a protesta i així van crear un veritable estil de vida per a molts joves de tots els temps.

◆ **El merengue**: és el ball típic de les classes populars de la República Dominicana. Es tracta d'un ball molt divertit i sensual, en què és molt important el moviment dels malucs i les espatlles: quan un maluc puja, baixa l'espatlla del mateix costat i a l'inrevés.

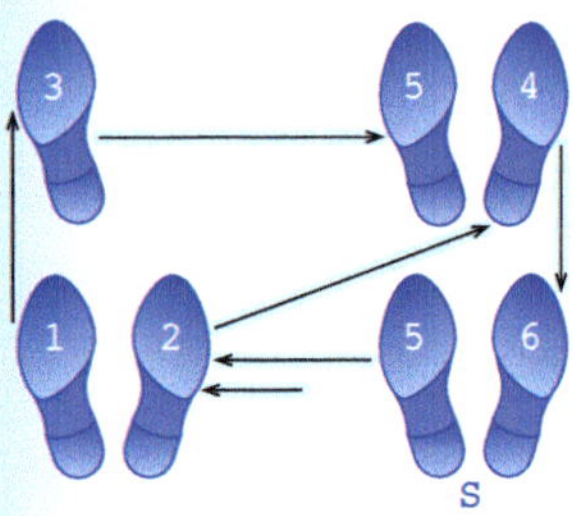

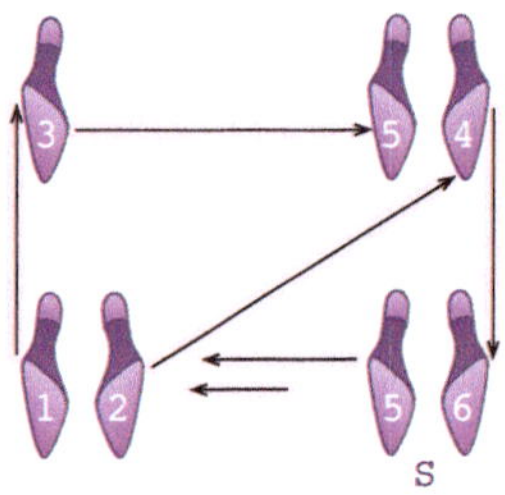

◆ **El mambo**: ball dedicat a *"Mambo"*, déu de la guerra. Va néixer a Cuba i arribà a Europa al començament de la dècada de 1960.

Mambo

L'AERÒBIC

L'aeròbic és una pràctica esportiva de llarga durada i d'intensitat moderada, que es basa en la realització d'una sèrie d'exercicis seguint el ritme d'una música. Té com a objectiu la millora de la capacitat cardiovascular i respiratòria.

De fet, rep aquest nom en tractar-se, fonamentalment, d'exercicis aeròbics. Això no obstant, en una sessió d'aeròbic també és normal realitzar un treball de força muscular (mitjançant la realització d'abdominals, per exemple) i de flexibilitat.

D'altra banda, com que cal seguir el ritme de la música, també desenvolupa la nostra capacitat per coordinar els moviments.

Precisament, molts dels corrents actuals de l'aeròbic provenen del tipus de música que s'hi empra. Així, si bé habitualment s'usa la música disco, també es pot practicar amb música *funky, hip-hop, salsa, merengue*...

Altres modalitats de l'aeròbic són:

- **Graons o *steps***, en què s'empra una plataforma elevada (com un graó) on es puja i es baixa en els diversos passos.
- **Aeròbic aquàtic o *aquagym***: és l'aeròbic practicat dins una piscina poc fonda.

ELS BENEFICIS DE PRACTICAR AERÒBIC

- Desenvolupa la resistència aeròbica.
- Desenvolupa la flexibilitat.
- Millora la força muscular (tonificació muscular).
- Millora la coordinació de moviments.
- És un treball molt entretingut, ja que es practica al ritme de la música.

Recorda que...

Quan ballis, has d'intentar desinhibir-te i perdre la por al ridícul. A més, has de respectar la pràctica dels teus companys i companyes.

LA INTENSITAT DE L'AERÒBIC

Segons la intensitat, els exercicis d'aeròbic poden ser:

- D'impacte baix, si els exercicis es realitzen mantenint almenys un peu a terra. En aquest cas es tracta d'una intensitat moderada o mitjana.
- D'impacte alt, si, en algun moment de l'exercici, els dos peus són a l'aire, és a dir, hi ha salts o exercicis amb fase aèria. En aquest cas, la intensitat és bastant més elevada, fins i tot de caràcter anaeròbic.

LA COREOGRAFIA

La coreografia en aeròbic és la successió dels diversos passos i moviments que es van executant d'una manera harmònica al ritme de la música.

Aquests passos s'uneixen i s'estructuren mitjançant el que es coneix com "*frases musicals*". Cadascuna d'elles té vuit temps. L'agrupament de quatre d'aquestes frases musicals forma l'anomenada "*sèrie musical*".

Recorda que...

- La pràctica de balls populars t'enriqueix i t'acosta a la cultura tradicional del teu país.
- Encara que sembli cosa de gent gran, intenta gaudir els balls de saló. Veuràs com t'ho passes bé!

Les sèries musicals, que tenen trenta-dos temps o *beats* són l'estructura bàsica d'una coreografia. Aquestes sèries musicals són separades per un repic de bateria.

Per construir una coreografia, els principals moviments que es realitzen en aeròbic són:

- **Marxa**. Caminar en el lloc aixecant els genolls.

- **Pas lateral o *grapevine***. Des de cames juntes, separar-ne una, creuar l'altra per darrere, tornar a separar la primera i ajuntar de nou l'altra.

- **Pas en v**. En quatre temps, dibuixar una "v" a terra amb els peus.

- ***Step touch*** o “pas i toca”. Des de la posició de cames juntes, separar-ne una i ajuntar l’altre, a un costat i a l’altre.

- ***Lunges***. Fer una passa en diagonal cap enrere estirant completament la cama.

- **Cops de peu o *kicks***. Cops de peu a l’aire, cap endavant, cap al costat o cap enrere.

- **Rull femoral**. Des de la posició de cames obertes, flexionar els genolls i elevar posteriorment el taló fins a la natja de manera alternativa.

A partir d’aquests moviments pots realitzar infinites variants. Què? T’atreveixes a inventar-te una coreografia?

SABIES QUE...?

- Hi ha moltes llegendes sobre l’origen probable del merengue. Segons una d’elles, va néixer vers el 1550, gràcies als esclaus procedents d’Àfrica que treballaven al camp portant una cadena llarga lligada al turmell, cosa que els obligava a moure’s arrossegant una cama al ritme d’un tambor. Afortunadament, avui en dia només és un sensual ball antillà.
- La *capoeira* és una dansa brasilera molt divertida. Es balla en parella imitant els moviments d’una lluita, a manera d’art marcial, al ritme d’ instruments típics brasilers.
- L’*spinning* és una disciplina que també combina l’exercici físic i la música, però... damunt una bicicleta estàtica. En tot cas, es practica seguint el ritme d’una música.
- L’*aerokickboxing* és una variant de l’aeròbic, que combina els seus moviments amb accions de cop de peu i cops de puny semblants als del *kick boxing*, però a l’aire, sense que hi hagi impacte.

Spinning

ATLES VISUAL:
els gestos del mim

CAMINANT

PUJANT UNA ESCALA

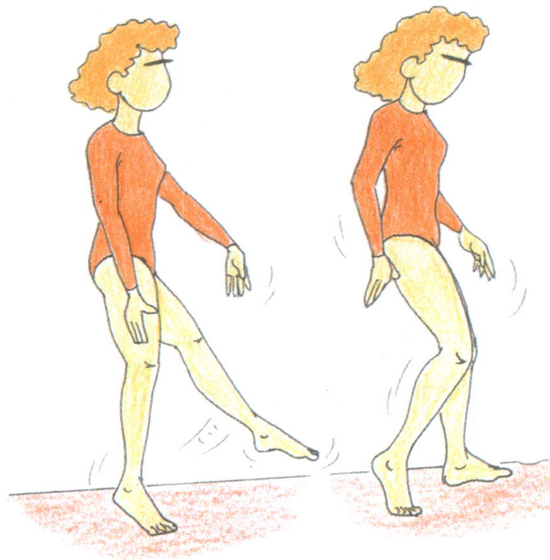

TIRANT D'UNA CORDA

"LA PARET"

LA CAIXA

PUJANT UNA ESCALA DE MÀ

OBRINT CALAIXOS

...I QUALSEVOL ALTRE REPRESENTACIÓ MÍMICA QUE SE T'ACUDEIXI. DESENVOLUPA LA TEVA CREATIVITAT!

La relació inicial de l'ésser humà amb el medi natural s'ha anat transformant amb el temps: d'una societat rural s'ha passat a una societat urbana que cerca, en el seu temps de lleure, practicar activitats i exercicis físics que li permetin gaudir el medi natural. Estem parlant de les *activitats físiques en la natura*.

Actualment vivim una autèntica eclosió d'aquest tipus d'activitats: des del descens de barrancs a la bicicleta tot terreny, l'ala delta, l'esquí..., se'ns obre tot un ventall de possibilitats. Moltes d'elles no escapen del consumisme –fins i tot ja es parla del *consumisme de muntanya*– i de les modes. Però, en tot cas, et proposem conèixer activitats noves per complementar les que ja vas aprendre en el primer cicle. T'hi apuntes?

UNITAT 4

ACTIVITATS FÍSIQUES EN EL MEDI NATURAL

16 EL PIRAGÜISME I LES ACTIVITATS A LA NEU

EL PIRAGÜISME I LES ACTIVITATS A LA NEU

- COM ES CLASSIFIQUEN
- PRECAUCIONS
- EL PIRAGÜISME
  - Què és el piragüisme?
  - On es practica?
  - El caiac i la canoa
  - El material
  - Com subjectar la pala?
  - Consells per remar
- ACTIVITATS FÍSIQUES A LA NEU
  - Les raquetes de neu
  - L'esquí de fons
  - L'esquí alpí
  - El surf de neu

COM ES CLASSIFIQUEN LES ACTIVITATS EN LA NATURA?

En funció del medi físic en què es realitzen:

- **Medi terrestre**: excursionisme, curses d'orientació, BTT, hípica, esquí, etc.
- **Medi aquàtic**: vela, piragüisme, submarinisme, surf de vela, etc.
- **Medi aeri**: ala delta, ala de pendent, vol sense motor, paracaigudisme, etc.

Actualment, a causa de l'auge de moltes activitats en el medi natural, d'una banda, i dels problemes ocasionats en el medi ambient a l'hora de ser practicades, d'altra banda, les activitats en la natura es classifiquen també en funció de la incidència i l'impacte ambiental que produeixen:

- **Activitats toves**: són les que per la seva pràctica simple, sensata i mesurada no provoquen dany a la natura. Per exemple: senderisme, hípica, vela, piragüisme, etc.
- **Activitats dures**: són les que provoquen un deteriorament de la natura. Inclouen aquelles activitats que...
  - ...es practiquen amb vehicles o màquines amb motor que provoquen contaminació atmosfèrica i acústica.
  - ...precisen construccions i instal·lacions que alteren l'entorn natural.

Activitat dura

- ...es practiquen on habita una espècie animal o vegetal que pot resultar afectada.

Dins de la categoria d'activitats dures podem esmentar els vehicles 4 x 4, la motonàutica, els quads, les estacions d'esquí alpí, motocròs fora de circuit, etc.

QUINES PRECAUCIONS HAS DE TENIR QUAN EN PRACTIQUIS?

Per norma general, a l'hora de practicar una activitat en la natura has de tenir presents diversos suggeriments. Fixa-t'hi bé.

1. *Realitza una activitat o un recorregut d'acord amb el teu nivell.* Valora la teva condició física en aquell moment, així com també els teus coneixements tècnics.
2. *Informa't de les previsions meteorològiques.* És important saber si plourà, nevarà, farà fred o qualsevol altre tipus de fenomen, ja que això serà determinant per triar el material i planificar l'activitat.
3. *Repassa tot el material.* Sigui quina sigui l'activitat que vas a practicar. Si es tracta de la bicicleta tot terreny, per exemple, dedica una estona a repassar-ne tots els elements.
4. *Porta sempre roba i calçat adequats.* En funció de l'època de l'any, cal anar preparat per al fred o per al sol i la calor. A més de perillar l'excursió, pot perillar seriosament la teva salut. Pensa també que cada activitat requereix un calçat adequat.
5. *Porta sempre un plànol i informació del lloc on vagis.* Amb un plànol sempre et podràs situar. Informa't també dels pobles, refugis o llocs on puguis ser assistit en cas de necessitar ajuda.
6. *No vagis mai sol.* En cas d'accident o lesió no et podria ajudar ningú. En canvi, practicar amb els teus amics et permetrà anar acompanyat i passar-t'ho més bé.
7. *Para esment a les indicacions i consells del guia.* T'ensenyarà moltes coses i et donarà seguretat.
8. *Respecta sempre la natura.* El respecte per l'entorn natural ha de ser sempre present en qualsevol activitat en la natura que practiquis. Has d'evitar qualsevol gest que pugui perjudicar-la, des de llençar un simple paper fins a qualsevol altra forma de contaminació o alteració de l'entorn.

EL PIRAGÜISME

Des d'un simple tronc d'arbre buidat o estructures recobertes de pells d'animals, fins a les modernes embarcacions, com el caiac o la canoa, fabricades amb materials nous, al llarg de la història de la humanitat totes les civilitzacions han tingut un objectiu comú: dominar el transport en un medi tan bàsic i alhora tan estrany com és l'aigua.

QUÈ ÉS EL PIRAGÜISME?

El piragüisme és l'esport que empra com a mitjà de transport la **piragua**. A diferència del rem, en el piragüisme es navega en direcció a la marxa i no d'esquena. També es distingeix del rem en que el mitjà d'impulsió no són els rems, sinó les **pales**, que en cap moment no van fixades a l'embarcació, sinó que són subjectades pels piragüistes amb les mans.

Segons el reglament general de la Federació de Piragüisme, una piragua és qualsevol tipus d'embarcació que no superi els 10 metres de llargada. Algunes modalitats són el caiac o la canoa.

ON ES PRACTICA?

En funció de l'especialitat, pot practicar-se en diferents espais naturals:

- Aigües tranquil·les (pantans, llacs).
- Ascens i descens per rius (la modalitat més difícil s'anomena *aigües braves*).
- Travessa per mar.

EL CAIAC I LA CANOA

- **El caiac**. Té el seu origen en el poble esquimal i el seu nom "ca – i – ac" significa "embarcació d'homes". Era una embarcació tancada, per impedir que l'esquimal entrés en contacte amb les aigües gelades del pol Nord. S'emprava per caçar i pescar.
  El caiac és una embarcació tancada, en què només hi ha una obertura per la qual s'hi introdueix el piragüista. Per propulsar-se empra una pala doble.

- **La canoa**. Aquesta embarcació té els seus orígens en els pobles que habitaven la costa est del Canadà, d'aquí el nom de "canoa canadenca". Era emprada per al transport de persones, aliments, caça, correu, etc.

Recorda que...

- Si bé algunes activitats en la natura catalogades com a "dures" són molt divertides, reflexiona i sigues crític amb elles. No pensis només en l'entreteniment.
- Sempre has de tenir molt en compte el teu nivell d'entrenament. Sigues conseqüent i no t'arrisquis massa.

Canoa

La canoa és una embarcació en què la coberta és totalment oberta i en què s'hi poden introduir un o diversos piragüistes. Usa per propulsar-se una pala simple.

De les dues modalitats proposades, la més popular i generalitzada és el caiac. Per això a continuació l'estudiarem més detingudament.

QUIN MATERIAL ES NECESSITA?

L'EMBARCACIÓ

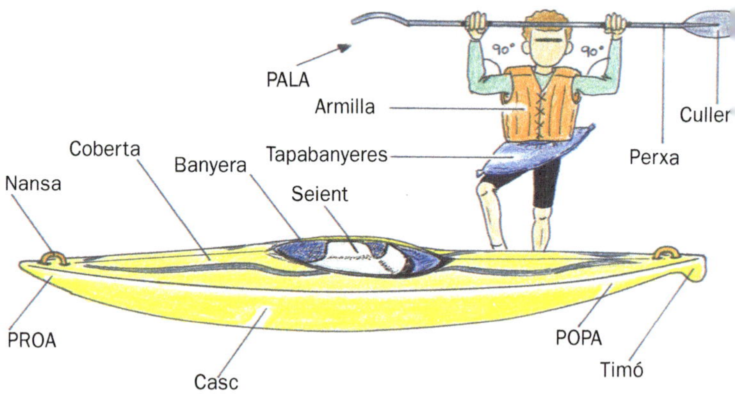

Aquestes són les seves parts i elements principals:

- *Proa*, que és la part davantera, i *popa*, que és la posterior.
- *Casc*: meitat inferior de l'embarcació, que és en contacte amb l'aigua.
- *Coberta*: meitat superior de l'embarcació que, com ja hem esmentat, en el caiac és tancada.
- *Banyera*: obertura que presenta l'embarcació, on s'introdueix el piragüista.
- *Seient*: superfície on s'asseu el piragüista.
- *Recolzador*: topall o suport situat a l'interior del casc on el piragüista recolza els peus.
- *Timó*: part mòbil situada en la part posterior de l'embarcació que permet variar la direcció.

LA PALA

És l'instrument que necessita el piragüista per propulsar i dirigir l'embarcació. En una pala hi podem distingir dues parts: la *perxa*, o zona per on s'agafa, i la *cullera*, que és la zona que s'introdueix a l'aigua i que serveix per propulsar.

L'EQUIPAMENT

Es necessita roba esportiva que permeti un moviment folgat dels braços i una *armilla salvavides.* Si es practica a l'hivern, cal un *vestit de neoprè* i un *tapabanyeres.*

COM SUBJECTAR LA PALA?

Col·loca la pala horitzontal per damunt el cap. Agafa la perxa amb les dues mans de manera que els dos colzes formin un angle recte.

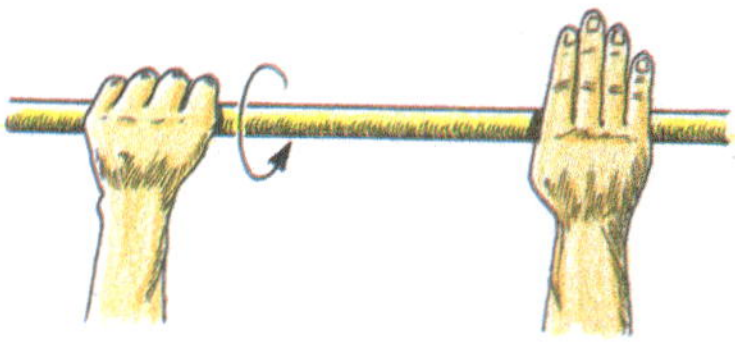

En el caiac, les culleres de la pala són perpendiculars l'una amb l'altra, de manera que això t'obliga a girar la perxa amb una mà a cada palada.

ALGUNS CONSELLS PER REMAR ENDAVANT

És probable que, quan comencis a remar, vagis donant voltes amb el caiac i no aconsegueixis anar en línia recta. Per això has d'aprendre la tècnica de maneig de la pala.

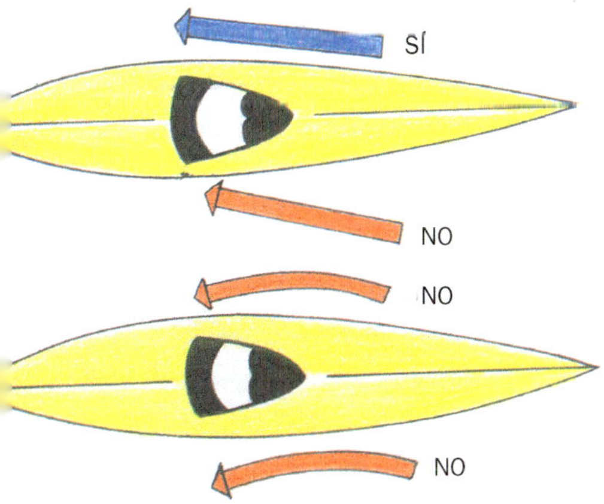

- En la **preparació**, aixeca la pala fins que el puny arribi a l'alçada dels ulls.
- En l'**atac**, la cullera ha d'introduir-se a l'aigua tan endavant com sigui possible. D'aquesta manera aconseguiràs més recorregut d'estropada. Per aconseguir-ho, estira el braç endavant i gira una mica el tronc.
- El recorregut de la pala a l'aigua, o **tracció**, has de realitzar-lo tan a prop del casc de l'embarcació com sigui possible, en *línia recta i paral·lela*. Així evitaràs anar contínuament fent ziga-zagues. La cullera ha de quedar, de poc, submergida totalment.

LES ACTIVITATS FÍSIQUES A LA NEU

Raquetes de neu

LES RAQUETES DE NEU

Una raqueta de neu és un calçat especial que serveix per caminar per damunt la neu. Les raquetes tenen una superfície plana, molt més extensa que el peu, i permeten que el pes de la persona es reparteixi, de manera que impedeixen que els peus s'enfonsin en la neu. S'acoblen a les botes de muntanya mitjançant unes corretges i, per no perdre l'equilibri, és aconsellable portar a les mans uns bastons de neu.

No requereixen cap aprenentatge previ i ens permeten fer excursions en terrenys on resultaria pràcticament impossible caminar sense elles.

L'ESQUÍ DE FONS

Anomenat també "esquí nòrdic" pel seu origen en els països escandinaus. L'esquí de fons consisteix a lliscar per la neu amb l'impuls de les cames i dels braços de l'esquiador.
Per facilitar-ne la pràctica, s'habiliten uns circuits on hi ha marcats uns carrils, a manera de guies, per on l'esquiador fa lliscar els seus esquís.

LA PASSA EN L'ESQUÍ DE FONS

Hi ha dues tècniques diferenciades en l'esquí de fons actual:

Competició d'esquí de fons

- **Tècnica clàssica o pas alternatiu**. Es tracta de realitzar un fort impuls amb una cama perquè l'esquí llisqui damunt el carril. I així alternativament amb les dues cames. És molt important acompanyar cada impuls de la cama amb un de bastó amb el braç contrari a la cama que s'avança.

◆ **Pas del patinador o *skating*.** En aquesta tècnica, de manera similar a la passa que efectuen els patinadors sobre gel, els esquís llisquen cap a un costat i cap a l'altre amb l'impuls alternatiu de les cames.

L'ESQUÍ ALPÍ

És el que es practica exclusivament en pistes de descens. Per pujar els pendents que ens porten a l'inici de les pistes, les estacions d'esquí disposen d'unes construccions anomenades *remuntadors mecànics* (telefèrics, telecadires i arrossegadors). Has de saber que les pistes es classifiquen en funció del grau de dificultat. Així, podem trobar pistes verdes (debutants), blaves (fàcils), vermelles (difícils) i negres (molt difícils).

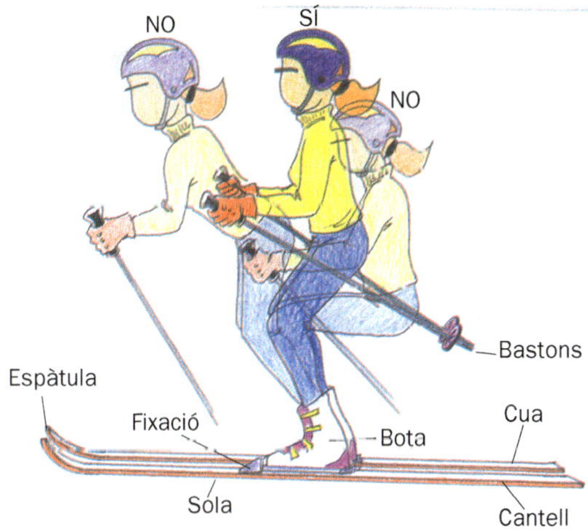

POSICIÓ BÀSICA DE L'ESQUÍ ALPÍ

- Cos lleugerament inclinat cap endavant, amb els braços semiflexionats i col·locats davant el cos.
- Cames semiflexionades amb els esquís separats un de l'altre uns 20 cm.

Viratge en falca

TÈCNICA DE L'ESQUÍ ALPÍ

◆ **Tècnica de la falca**. És la manera més senzilla per iniciar-se a baixar per una pista. Consisteix a lliscar realitzant viratges seguits, controlant en tot moment la velocitat. Per realitzar la falca has d'ajuntar ambdues espàtules i separar les cues dels esquís, formant així una "v". Aquesta operació es realitza ajuntant els genolls i "*clavant*" els cantells interiors dels esquís. Per realitzar els viratges, només et caldrà canviar el pes del cos d'una cama a l'altra (d'un cantell de l'esquí a l'altre).

◆ **Tècnica en paral·lel**. És la tècnica que empren els esquiadors més experts i consisteix a mantenir paral·lels els esquís en el moment del viratge.

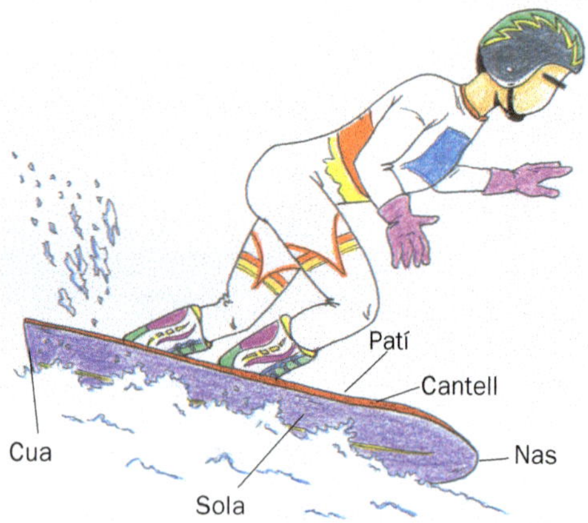

EL SURF DE NEU

També anomenat *snowboard*. És una modalitat de l'esquí en què s'usa una planxa de surf on els peus hi queden subjectats.

En aquesta disciplina, el surfista no porta bastons i ha de ser el propi equilibri del seu cos el que compensi els moviments en "clavar" els cantells de la planxa.

EL MATERIAL PER A LES ACTIVITATS DE NEU

Les activitats de neu es porten a terme a la muntanya, sovint a més de 2.000 m d'alçada.

És aquest un medi al qual normalment no estem acostumats i on podem trobar adversitats climatològiques serioses. En cas de no anar equipats correctament, la nostra salut en podria sortir perjudicada i fins i tot la nostra integritat física. Per això cal donar molta importància a portar el material i l'equip adequats.

- **Roba necessària**: mitjons llargs, jersei o folre polar, pantalons impermeables, anorac.
- **Per al sol**: ulleres de sol (imprescindibles, ja que el reflex del sol en la neu pot produir danys greus en la vista), crema de protecció solar, crema de llavis.

Recorda que...

- El mal comportament i la mala educació d'una persona en el medi natural pot convertir una pràctica "tova", en "dura".
- Quan preparis una sortida, pensa que les hores de ple sol i amb temperatura elevada no són les més adequades. La primera hora del matí, per exemple, és molt millor.

- **Per al fred**: guants, gorra, bufanda o passamuntanyes, crema de protecció de llavis.
- **Complements**: una motxilla petita per portar el plànol de les pistes, el menjar, l'aigua, crema solar, etc.
- **El material específic**: les botes de muntanya, les raquetes i bastons de neu. Els esquís, els bastons i les botes d'esquiar. La planxa de surf i les botes. Per a l'esquí alpí i el surf es recomana l'ús de *casc*.

SABIES QUE...?

- El caiac va ser introduït a Europa pels anglesos al començament del segle XIX, després d'observar com el poble esquimal els emprava per anar a caçar i a pescar. Per fabricar l'estructura del caiac, els esquimals usaven ossos de ren i per recobrir-la, per tal que fos impermeable a l'aigua, usaven pells de foca.
- A Suècia es conserven uns esquís que són considerats, segons tots els experts, els més antics del món. Hom calcula que tenen més de... 4.000 anys!
- En l'esquí de competició hi ha una modalitat anomenada *esquí de velocitat,* en què els esquiadors surten des del capdamunt d'una pista de 1.500 m de llargada i d'uns 550 m de desnivell. La prova consisteix en cronometrar la distància de 100 m a meitat de recorregut. En l'actualitat, amb els vestits i casc aerodinàmics i els esquís de 2,5 m de llargada, s'estan superant els 200 km/hora. Per aquesta raó l'esquí de velocitat és, sense dubte, l'esport no motoritzat més ràpid del món.

17 LES CURSES D'ORIENTACIÓ

LES CURSES D'ORIENTACIÓ

- APRENDRE A ORIENTAR-SE
  - Què és?
  - El mapa
  - Els elements del mapa
  - La brúixola
  - Precaucions quan usem la brúixola
  - Orientar el mapa
- QUÈ SÓN LES CURSES D'ORIENTACIÓ
- CURSES AMB RECORREGUT SENZILL
- UNA CURSA AMB MÉS DIFICULTAT

APRENDRE A ORIENTAR-SE

QUÈ ÉS ORIENTAR-SE?

Segur que alguna vegada has tingut la sensació de no saber on eres. Potser a la muntanya o enmig d'una ciutat. I per aconseguir "situar-te" has hagut de recórrer a tots els mitjans possibles. Si ho has aconseguit, significa que saps "orientar-te". Saber **orientar-se** significa:

- Conèixer de manera bastant precisa on ens trobem.
- Escollir correctament la direcció per arribar a un lloc determinat.

Aquesta capacitat per saber orientar-se es pot aprendre, perquè es basa en l'aplicació de diverses tècniques d'orientació. Les tècniques d'orientació es basen en:

1. *Mitjans naturals*, com el sol, els estels, la neu, etc. Aquestes tècniques les trobaràs en l'atlas visual d'aquesta Unitat.
2. *Mitjans artificials*, com el llibre de ruta, el mapa, la brúixola i fins i tot el modern GPS per via satèl·lit.

QUÈ ÉS UN MAPA?

El mapa o plànol és la representació gràfica exacta, en format reduït, del terreny. El mapa reflecteix els llocs característics de la zona (camins, carreteres, rius, edificacions, etc.) i també ens informa del seu relleu i d'altres accidents geogràfics.

QUINS ELEMENTS ENS AJUDEN A INTERPRETAR UN MAPA?

1. *El nord.* Has d'agafar el mapa amb les dues mans, com si llegissis un llibre i, per norma universal, la part superior és el nord.
2. *Les línies nord-sud o meridians.* Són de traç molt fi i, en ser paral·leles entre elles i amb els dos costats del mapa, també assenyalen la direcció nord-sud.
3. *L'escala.* Ens indica la proporció existent entre la representació gràfica del mapa i la distància real. S'expressa amb una divisió en què el dividend sempre és 1 (indica 1 cm del mapa) i el divisor són els centímetres de la mida real. Per exemple, l'escala 1:50.000 vol dir que "un centímetre en el mapa equival a 50.000 cm en la realitat" o, el que és el mateix, 500 metres.

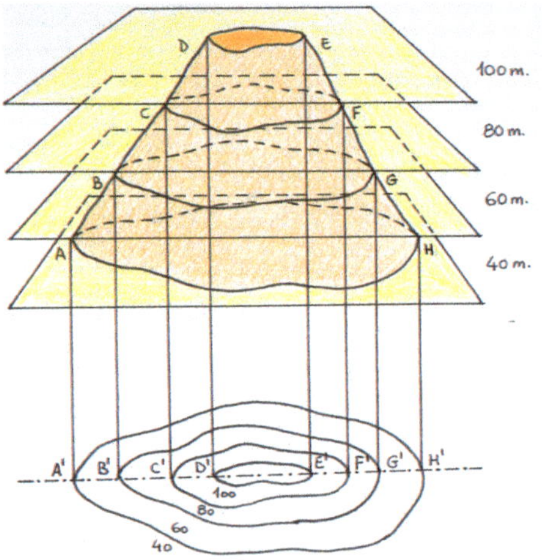

4. *Les corbes de nivell*. Gràcies a elles podem saber el relleu del terreny. Són línies que uneixen punts que es troben a la mateixa alçada. Així doncs, defineixen perfils característics del terreny i els traslladen al mapa. Entre dues corbes de nivell hi ha una diferència d'alçada determinada, anomenada **equidistància**. L'equidistància sempre és la mateixa en totes les corbes de nivell del mapa. Per saber el seu valor, has de cercar-lo en la llegenda del mapa.

- Quan les corbes de nivell es troben molt separades, vol dir que el pendent és suau.
- Quan les corbes de nivell apareixen molt juntes, vol dir que el pendent és fort.

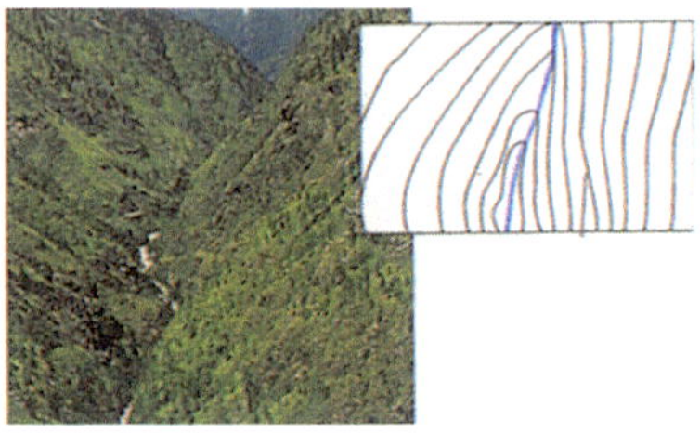
Vall

Muntanya

Collada.

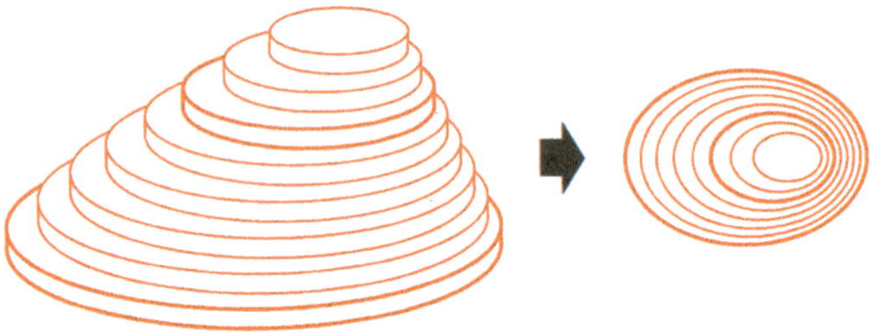

En un mapa trobaràs corbes de nivell de dos tipus:

- Convencional, de traç fi i de color marró clar.
- Mestra, de traç gruixut i de color marró fosc. Entre dues línies mestres s'agrupen quatre línies convencionals, és a dir, cinc equidistàncies.

5. *La llegenda*. És un espai del mapa, generalment situat en un cantó, en què és especificada l'escala, l'equidistància de les corbes de nivell i on s'expliquen els signes que ajuden a la comprensió del mapa (pobles, ciutats, carreteres, camins, ponts, cases, tipus de vegetació en diversos colors, etc.).

QUÈ ÉS UNA BRÚIXOLA?

La brúixola és un instrument que porta una agulla imantada que sempre assenyala el **nord magnètic**. Coneixent el nord (0° i 360°), podem saber els altres punts cardinals: est (90°), sud (180°) i oest (270°), amb els seus punts intermedis.

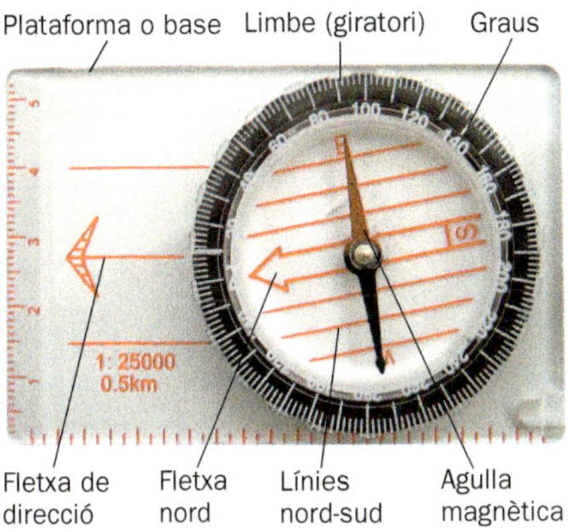

En es curses d'orientació s'usen brúixoles amb una **plataforma** o **base** transparent i amb una part giratòria anomenada **limbe**.

En la plataforma hi trobem la **fletxa de direcció** i en el limbe, els **graus** (de 0° a 360°), la **fletxa nord** i les **línies nord-sud** i **l'agulla magnètica**, la mitja part vermella de la qual assenyala el nord.

QUÈ HEM DE TENIR EN COMPTE QUAN USEM LA BRÚIXOLA?

- Sempre s'ha de posar horitzontal, completament plana.
- No s'ha de posar damunt superfícies metàl·liques (cotxe, tanques, etc.) ni altres materials sensibles que puguin desviar l'agulla magnètica (sivelles, rellotges, grapes del mapa, etc.).
- No s'ha d'usar a prop de línies elèctriques d'alta tensió, ja que podrien desviar l'agulla magnètica.

COM S'ORIENTA UN MAPA?

Sabent què són el mapa i la brúixola, ja pots aplicar dues formes d'orientar un mapa:

a) **Amb la brúixola.** És la millor eina per orientar un mapa.
   - Primer col·loca la brúixola plana damunt el mapa. Després gira les *línies nord-sud* del limbe fins que quedin paral·leles a les *línies nord-sud* del mapa.

- Finalment, gira conjuntament el mapa i la brúixola fins que l'*agulla magnètica* (de color vermell) quedi alineada amb les *línies nord-sud*, la *fletxa nord* i assenyali el nord del mapa.

Un cop realitzada aquesta senzilla operació, en aixecar la mirada, el que vegis davant teu en el terreny, també serà el que hi ha representat en el mapa davant el punt on et trobis. Ja tens el mapa orientat!

b) **Sense brúixola**, quan les referències del terreny, reflectides en el mapa, són molt clares. Agafa el mapa amb les dues mans i col·loca'l davant teu. Aleshores el vas girant fins que el que vegis en el mapa coincideixi amb el que veus en el paisatge.

QUÈ SÓN LES CURSES D'ORIENTACIÓ?

Són competicions contra rellotge en què el participant ha de trobar, amb l'ajut d'un mapa, una sèrie de balises situades en indrets diversos.

Cursa escore

- **Qui guanya la cursa?**: la guanya el participant que ha trobat totes les balises i arriba a la meta en el menor temps possible.

- **És obligatori seguir un recorregut?**: generalment és obligatori seguir un ordre de balises, des de la primera fins a l'última, a manera de recorregut. A vegades, però, no hi ha un recorregut obligatori, sinó que cada participant pot cercar les balises en l'ordre que cregui més convenient (modalitat *Escore*).

- **Com demostra un participant que ha trobat totes les balises?**: molt senzill. Cada participant porta una *targeta de control* que cal marcar a cada balisa. A cada balisa hi ha un trepant diferent amb què s'ha de foradar la targeta. També s'hi pot haver deixat

Grapant
en una balisa.

algun adhesiu on hi consti un número que identifiqui la balisa, etc.

- **Què és una targeta de control?**: és un paper en què queden reflectides les proves d'haver passat per totes les balises. També hi ha escrit el nom del participant, el temps de sortida i, finalment, el temps total invertit en el recorregut. El participant mai no ha de perdre aquesta targeta, ja que seria desqualificat.

Targeta de control

INSTITUT		
Arribada: : :		
Sortida: : :		
TOTAL: : :		
Nom		
Classe		
Categoria		
1	8	15
2	9	16
3	10	17
4	11	18
5	12	19
6	13	R1
7	14	R2

- **El participant disposa d'alguna "pista" que l'ajudi a trobar la balisa?**: sovint, sobretot si es tracta de curses llargues, també se li proporciona al participant un full en què, a través de signes convencionals, s'ofereixen algunes pistes per trobar la balisa: si es troba sota un arbre, en un terraplè, en una font, etc.

- **Quin material és necessari per participar en una cursa?**: cada participant necessitarà un *mapa* de la zona, una *brúixola* i la seva *targeta de control*. Si el proporciona l'organització, també portarà un *full d'informació*.

- **Com s'assenyalen les balises en el mapa?**: les balises s'indiquen en el mapa amb un cercle. El lloc de sortida amb un triangle i la meta o punt d'arribada, on es para el cronòmetre, amb un cercle doble.

Recorda que...

En una cursa d'orientació, no has d'entrar en camps de conreu, ni tampoc danyar o deteriorar els arbres petits, les plantes o les flors.

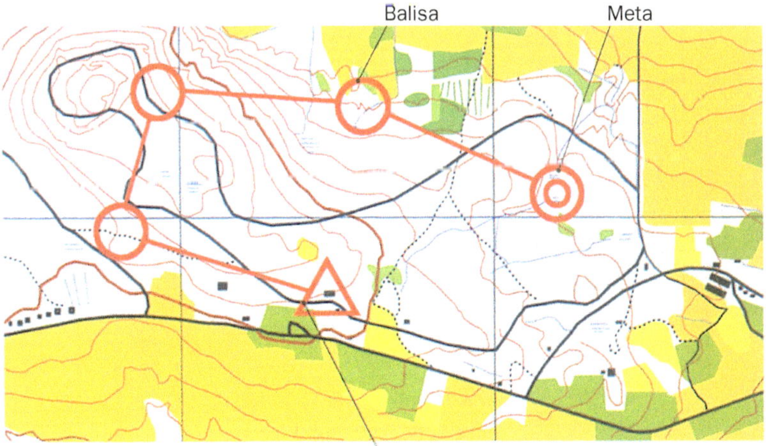

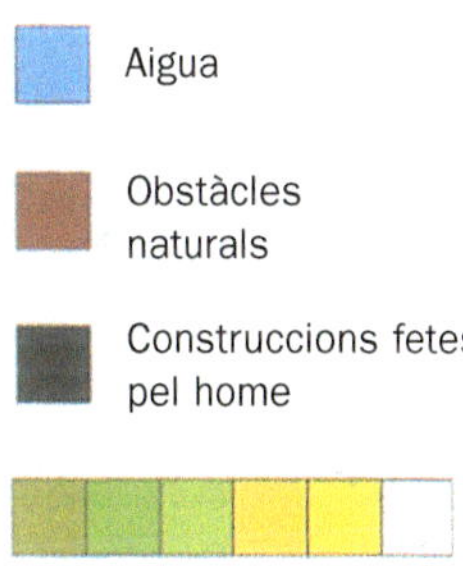

CURSES AMB RECORREGUT SENZILL

Són curses senzilles, de recorregut curt. En elles n'hi ha prou en saber orientar el mapa, amb la brúixola o sense, i saber interpretar-lo. D'aquesta manera ja és suficient per anar trobant les balises. Serveixen precisament per familiaritzar-se amb el mapa i per aprendre a orientar-lo correctament.

- **Com trobar les balises?**: orienta bé el mapa i després corre seguint una línia imaginària des del punt on et trobes fins a la balisa següent. Quan la trobis, apunta'n el número o forada la targeta de control per demostrar que hi has passat. Així successivament fins que aconsegueixis trobar-les totes i arribar a la meta.

UNA CURSA D'ORIENTACIÓ DE VERITAT!

Ara les distàncies es fan més grans i, per això, la dificultat augmenta. És habitual que a la sortida et qüestionis nerviós: "Cap on haig de córrer a cercar la primera balisa?", "en quina direcció he d'anar des de la sortida?".

Primer que tot, calma. En les curses d'orientació cal córrer... pensant. Per saber cap on has de córrer, això és, per trobar el *rumb*, has d'emprar el mapa, la brúixola i realitzar els passos següents:

1. Col·loca la brúixola damunt el mapa de manera que la *línia de direcció* o bé un *lateral* de la base uneixi el punt on ets amb el punt on es troba la balisa.

2. Gira el *limbe* mòbil fins que les *línies de direcció nord-sud* quedin paral·leles amb les *línies nord-sud del mapa.*

3. Ves-te girant fins que l'*agulla magnètica* coincideixi amb la *fletxa nord* del limbe. En aquest moment la *fletxa de direcció* ens indicarà el rumb (en graus) que hem de seguir per arribar a la balisa. Ara ja hi pots córrer!

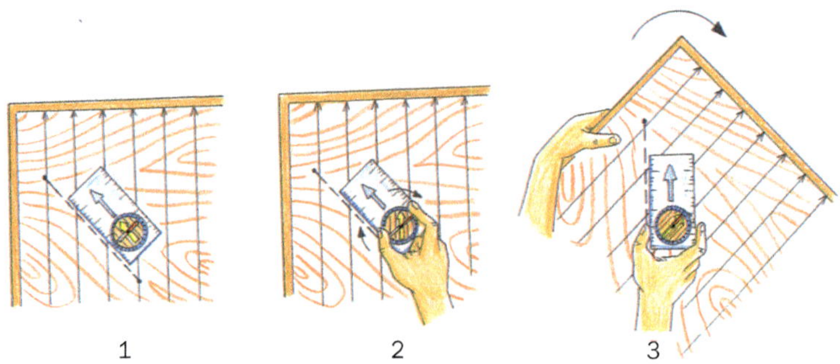

1 2 3

En la direcció a seguir, sovint trobaràs obstacles naturals. Has d'escollir un punt de referència en la direcció desitjada i dirigir-t'hi pel camí més adequat. I així vas repetint el procés fins anar trobant la resta de balises... en el menor temps possible! Recorda que es tracta d'una cursa .

Recorda que...

- Preparar un cursa d'orientació és complicat. Coopera tant com puguis en la col·locació de les balises i en la recollida del material.
- Respecta sempre el material d'orientació del teu centre educatiu.

SABIES QUE...?

- La competició individual no és l'única modalitat de l'esport de l'orientació. Hi ha diversos tipus de proves, com la cursa de relleus i les curses nocturnes, amb bicicleta tot terreny, amb esquís de fons i fins i tot amb piragua.
- En les competicions federades, les distàncies d'una cursa d'orientació oscil·len entre els 10 i els 20 km per als homes i entre 6 i 15 km per a les dones, la qual cosa les converteix en veritables proves de resistència.

- Com a part de la indumentària, els participants usen un calçat impermeable que porta uns claus a la sola per evitar relliscades i possibilitar una bona adherència al terreny. També porten polaines que cobreixen les cames per evitar esgarrinxar-se amb arbustos i plantes.
- Els orígens de la brúixola es remunten a 4.000 anys enrere, quan a la Xina es va descobrir les propietats d'un mineral anomenat *magnetita*. Van observar que la magnetita, col·locada en una superfície flotant que li permetés girar lliurement, sempre quedava parada assenyalant al mateix lloc. Aquesta posició o línia imaginària, és la línia nord-sud i va ser la que va començar a ser usada com a referència en els viatges i en la navegació.
- Com saber si una brúixola és de bona qualitat?: quan tinguis la brúixola completament quieta, amb l'agulla estabilitzada, mou-la una mica i comprova el temps que triga a tornar-se a estabilitzar. Si aquest temps és menor de cinc segons, la prova és satisfactòria.

ATLES VISUAL:
mètodes d'orientació natural

Pel Sol

Si amb la teva mà dreta assenyales la sortida del Sol (Est) i amb l'esquerra l'ocàs (Oest), el **Nord** estará justament davant teu.

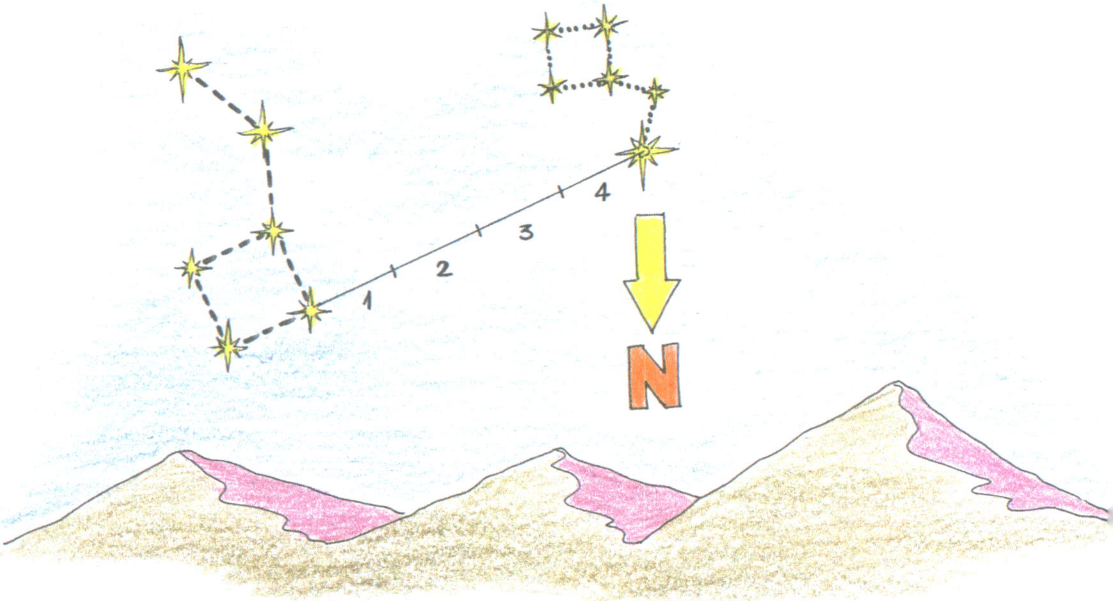

Per l'Estel Polar (component de l'Óssa Menor)

La projecció d'aquest estel en l'horitzó és el **Nord**. Per trobarla, localitza primer "el carro de l'Óssa Major. Després, suma 4 vegades la base del "carro" i trobaràs l'Estel Polar.

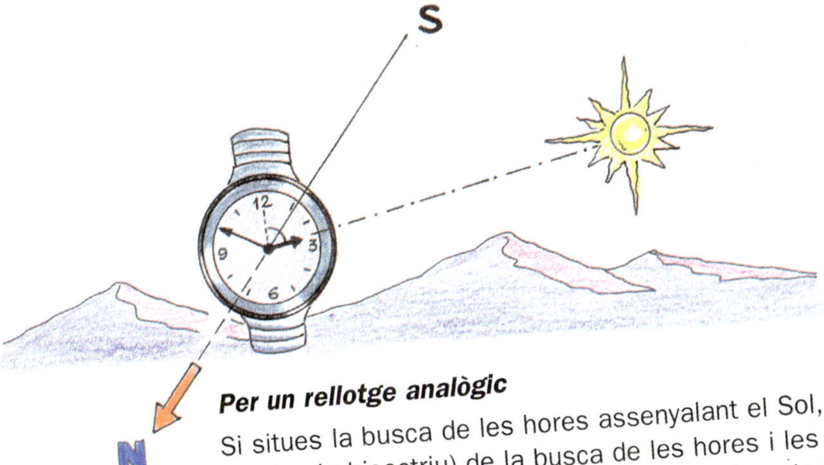

Per un rellotge analògic

Si situes la busca de les hores assenyalant el Sol, el Sud estarà al bell mig (en la bisectriu) de la busca de les hores i les dotze. El **Nord**, per tant, estarà en el costat oposat al Sud. Alerta!, has de tenir en compte si vas 1 o 2 hores avançat respecte l'horari solar.

Per un tronc d'àrbre tallat

Els anells de creixement que estan més separats t'indicaran el sud, i els que estan més junts et mostraran el **Nord**.

Pels boscos

Per norma general, els boscos d'avets són més presents en el costat **Nord**.

Per la molsa

Com que no hi toca el sol i hi ha més humitat i menys temperatura, la seva presència t'indicarà on és la cara **Nord**.

Per la neu

Com que el sol hi toca menys, s'acumula més neu en la cara **Nord** de les muntanyes.

Per les esglèsies romàniques

Els seus absis estan orientats al **Nord**.

PROJECTE OLÍMPIA
d'Educació Física

Primària

Olímpia-A. Primer curs. Llibre de l'alumne
Olímpia-B. Segon curs. Llibre de l'alumne
Olímpia-C. Primer i segon curs. Llibre del professor
Olímpia-D. Tercer i quart curs. Llibre de l'alumne
Olímpia-E. Tercer i quart curs. Quadern de treball
Olímpia-F. Tercer i quart cursos. Llibre del professor
Olímpia-G. Cinquè i sisè curs. Llibre de l'alumne
Olímpia-H. Cinquè i sisè curs. Quadern de treball
Olímpia-I. Cinquè i sisè curs. Llibre del professor

Educació secundària obligatòria (ESO)

Olímpia-1. Primer i segon cursos. Llibre de l'alumne
Olímpia-2. Primer i segon cursos. Quadern de treball
Olímpia-3. Primer i segon cursos. Llibre del professor
Olímpia-4. Tercer i quart cursos. Llibre de l'alumne
Olímpia-5. Tercer i quart cursos. Quadern de treball
Olímpia-6. Tercer i quart cursos. Llibre del professor

Batxillerat

Olímpia-7. Primer curs. Llibre de l'alumne
Olímpia-8. Primer curs. Llibre del professor

Ediciones del Serbal